世界を魅了するチベット

「少年キム」から
リチャード・ギアまで

石濱 裕美子

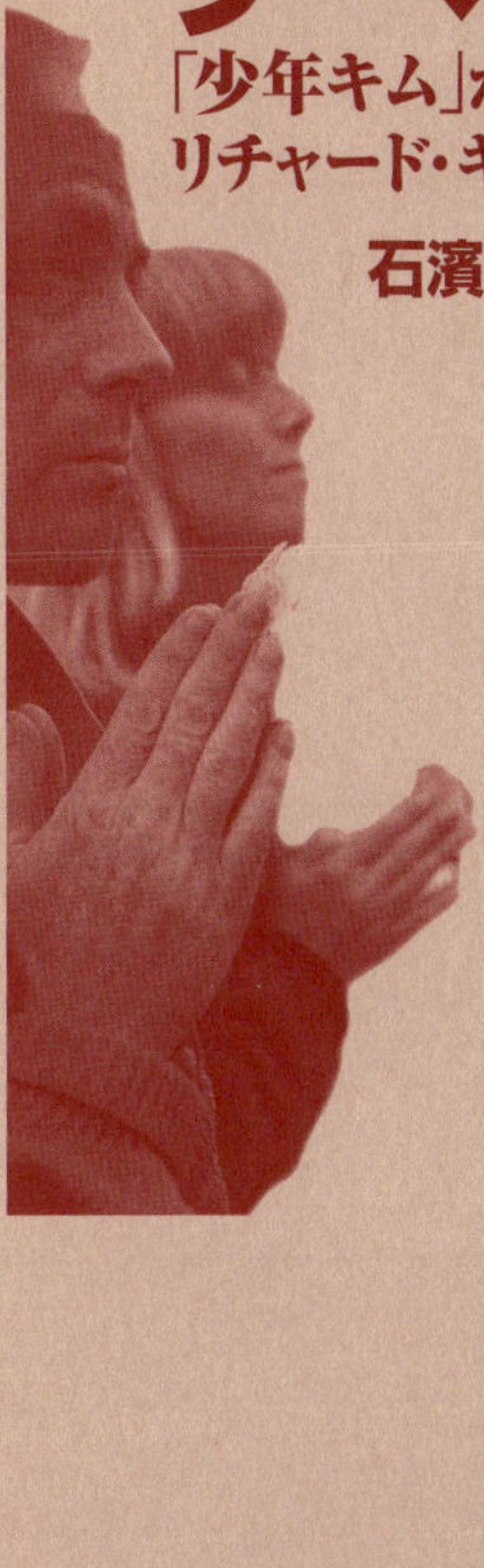

Tibet facinates the world

三和書籍

目次

世界を魅了するチベット

「少年キム」から「リチャード・ギア」まで

第二部　現代欧米社会とチベット仏教

第八章　バーチャル・チベット――映画の中のチベット――198

序論

チベット仏教の普遍的性格

モンゴル人・満洲人から西洋人まで

序論

チベット仏教の普遍的性格——モンゴル人・満洲人から西洋人まで

チベットが失われてから現在に至るまで長い年月が過ぎた。しかし、チベットが失われた一九五九年当時よりも、ずっと多くの人々がチベット文化を理解し、消滅しかかっているその文化の存続を願い、チベットに自由が訪れることを熱望している。

残酷な現代史はなぜチベットを飲み込めないでいるのか。

それは多くの人たちが、国を失った難民たちの中に、逆境の中にあってもなお損なわれないチベットの高潔な精神性を見いだし、その文化を理解した人たちの中から、この文化を残したい、いや、残すべき、との思いが年々強くなってきているからである。

西洋人がチベットに強い関心を持ち出したのは今から百五十年ほど前の十九世紀半ばのことであった。帝国主義に倦んだ西洋の知識人にとって、転生によってその座を受け継ぐダライ・ラマが君臨し、生涯を哲学と修行に捧げる僧侶たちの国は憧れの的であった。そこで、多くの探検家がラサを目指したものの、チベットは植民地化を警戒して西洋人を固く拒み続けていたため、チベットに深く入ることは叶わなかった。そのため、チベットに対する憧れはいっそう高まっていった。

二十世紀に入り、大国がエゴのままに振る舞った結果、二度にわたる世界大戦が起き、西洋近代文明に対する懐疑と、翻ってエゴを解体する東洋思想に対する評価が高まっていった。そのような中でチベットは亡国の年を迎えたのである。ダライ・ラマがインドに亡命した一九五九年、西洋社会は物質的には繁栄の頂点にあったものの、東西冷戦、黒人差別などに社会は揺れ続けていた。若者たちは既存の体制に背を向け、アジアの多様な文化に身をまかせ、ヒッピーとなった彼らは世界を放浪するうちに、難民キャンプで身を寄せ合うチベットの高僧たちと出会う。彼らは全てを失ったこの難民たちが自分たちよりはるかに平穏な心を持ち、その場にいるだけでまわりを善に感化する力を持つことに驚いた。

ヒッピーたちは仏教を学び始めた。

仏教は、あらゆる問題は外からではなく、自分の内側から起きているということ、自分で作り出した問題は、自分で解決できるということを彼らに教えてくれた。そして、何より彼らを驚かせたのは、その解決のための具体的なテクニックが説かれていたことである。

髪を切ったヒッピーたちは社会に戻り、チベット文化は西洋社会に羽ばたき始めたのである。

❖オリエンタリズム論の浅薄

欧米の知識人たちがチベット文化に対する理解を日々深め、その価値を喧伝していることにひきかえ、日本の識者の多くはいまだチベット文化を知ろうともせず、「欧米人がチベットを支援するのはオリエンタリズムに突き動かされてのこと」「フリー・チベット運動はつまるところ反共思想である」と、欧米人のチベット文化に対する高い評価を斜に構えて眺めている。しかし、言うまでもないことであるが、これらの主張には合理的な根拠はない。

まずオリエンタリズム論の是非について検証すると、伝統的なチベット人社会は中国軍に追われて下界におりてきてからすでに半世紀たっている。その間、多くの人がチベット社会を直接目の当たりにし、そこがシャングリラでも桃源郷でもないことを知っている。また、ダライ・ラマ十四世もBBCやCNNのテレビカメラの前に立ち、かつてのような神秘のベールに包まれていない。ダライ・ラマは我々と同じ言葉で語り、感情ではなく論理によって人々の良心に訴えている。特に支援者たちほどチベット社会を熟知する立場にあるので、オリエンタリズムの介在する余地はない。

また、中国に親しみを感じる人たちの多くはフリー・チベット運動を反共宣伝と決めつけるが、これも当たらない。ダライ・ラマは共産主義者や毛沢東がチベットに対してとった行動に異を唱えても、貧困や格差をなくそうという共産思想や毛沢東のリーダーとしての性質に対しては常に最大限の賛辞を送っている。ダライ・ラマの言葉を聞いてみれば分かるが、彼の言葉は常に事実に基づいていて、その内容は論理的であり、いわゆる反共プロパガンダ臭はみじんもない。

これまで日本の識者の多くはチベットの言葉も読めず、文化も理解せず、歴史に関する知識も持たないまま、チベットを中国の歴史・政治・民族研究の一部として論じることに馴れ、結果として中国政府の思考の枠組みを無意識のうちになぞってきた。そして、一般の人々も「EUなどが結成され国境を越えて人や物が移動する現代、民族性にこだわることは時代遅れである」との予断からチベット問題を軽視してきた。このような状態にもってきて「民族自治を求めることは祖国の統一や社会の安定を脅かすもの」という中国政府のプロパガンダが響き渡ると、あらゆる人々がチベット問題について沈黙してしまう。

日本人の大半が信じ込んでいる「中国＝普遍」「チベット＝特殊」、あるいは「チベットは中国の一部である」という思考は予断であって何ら具体的な根拠があるものではない。

客観的に言って、チベット文化は過去から現在に至るまで数多くの民族を感化し尊敬を集めてきた極めて普遍性の高い文化である。そして、今もチベット文化の体現者であるダライ・ラマは倫理の体現者、平和思想の権化として国際社会から高く評価され、宗教、国、人種を超えた人々から支持を集めている。一方、中国政府がチベット問題について繰り返す発言が国際社会の理解を全く得られていない一事を鑑みても、どちらに普遍性があるかは明らかであろう。

チベット仏教が極めて普遍的な性格を持っていることは、国境、人種を超えて多くの人々に受け入れられてきた歴史が如実に物語っている。過去に中国を征服したモンゴル人の王、満洲人の王はみなチベット仏教に傾倒しその庇護に努めた。現在も、先進諸国の人々がチベット文化の価値を認め、積極的にチベット文化を維持するためのサポートを行っている。

本書ではこのチベット文化の普遍性を浮き彫りにすべく、欧米がチベットとどのようにして出会い、そこからいかに多くを学んできたかを明らかにしていく。

この本を読み終えれば、世界中でどうしてこれだけ多くの人々がダライ・ラマを称え、チベット文化を維持しようと努力しているのか、その理由の一端が分かることになると思う。

欧米とチベットの歴史に入る前に、チベットが近代以前に二つの帝国を教化した歴史を簡単に見ていこう。

❖モンゴル帝国と満洲帝国のチベット仏教への帰依

モンゴル人が初めてチベット仏教と出会ったのは、モンゴル帝国が世界を席捲していた十三世紀のことであった。世界を震撼させたモンゴル人たちも宗教に対しては非常にフェアな態度をとり、あらゆる宗教を尊び、帝国の繁栄を祈らせようとした。チベットに対しても、「チベットを代表する聖者をモンゴル宮廷に送るように」との命令を下し、この召喚に応じて一二四四年にモンゴル宮廷に赴いたのが、サキャ派の大学僧サキャ・パンディタ［一一八二―一二五一］とその幼い甥パクパ［一二三五―八〇］であった。

当時モンゴル宮廷では、各宗教の聖者たちを集めて宗教論争を行わせていたが、サキャ・パンディタとパクパはこの論争の中でめきめきと頭角を現した。それもそのはず、チベット仏教には論理学の長い伝統があり、サキャ・パンディタは論理学の大学僧であった。サキャ・パンディタは一二五一年に蘭州で客死し、その跡を甥のパクパが継ぎ、若輩ながらモンゴル宮廷で地歩を固めていった。パクパは一二五三年に当時はまだ皇子であったフビライ［一二一五―九四］にヘーヴァジラ尊の灌頂《かんじょう》（仏教の入門儀礼）を授け、この時から二人の間には親密な関係が生じ、フビライは一二六〇年に即位するとパクパを国師とし、中国を征服して元朝を建てた後には帝国の宗教を司る役所（総制院）のトップにパクパを据えて王権の演出をまかせた。パクパは文字を持たないモンゴルのためにチベット文字をモデルにした新しい文字を作成し、このパクパ文字は元朝が滅びた後もチベット・モンゴル関係の中で典礼文字として用いられ続けた。

こうして、モンゴル王朝の庇護の下でチベット仏教は栄え、帝国の都・大都（現在の北京）、チベット本土、五台山にはチベット仏教の大寺が林立した。このパクパとフビライの時代はモンゴル・チベット双方にとって黄金時代として記憶されている。

元朝が滅ぶとモンゴル人はモンゴル高原に帰還し、チベット仏教はいったんは衰亡した。しかし、十六世紀に入りフビライの末裔であるアルタン＝ハーン［一五〇七―八二］が台頭し、一五七八年にフビライにならってソナムギャムツォ（ダライ・ラマ三世）［一五四三―八八］をモンゴルに招くと、チベット仏教は再び堰を切ったようにモンゴル系の民族に広まった。

十七世紀に入って、満洲人がモンゴル人を同盟者として中国を征服し、清朝［一六三六―一九一二］を建てた。満洲人は建国前からモンゴル人を介してチベット仏教に接触しており、第二代皇帝のホンタイジ［在位一六二七―四三］は一六三七年に皇室の菩提寺として盛京（現・瀋陽）にチベット寺（實勝寺）を建て、モンゴル帝国の仏教を象徴するパクパ御製のマハーカーラ尊を祀り、自らが元朝の継承者であることを誇った。三代目の皇帝・

サキャ・パンディタ（左）とパクパ（右）
出典：『チベット仏教絵画集成―タンカの芸術―〈第4巻〉』臨川書店、2003年、p.113

順治帝［在位一六四四—六一］はダライ・ラマ五世を北京に招いて供養し、四代目の康熙帝［在位一六六二—一七二二］はチャンキャ二世、ジェブツゥン・ダムパ一世から親しく教えを受けた。

歴代満洲皇帝の中で最もチベット仏教に対する篤い信仰を持ったのは最盛期の皇帝・乾隆帝［在位一七三五—九五］である。乾隆帝は即位の十年目の一七四五年に雍正帝の皇子時代の邸宅である雍和宮をチベット寺に改築し、チベット本土の僧院で行われている学習カリキュラムと同じものがここで受けられるようにした。雍和宮のチベット名はガンデン・チンチャクリン（dga' ldan byin chags gling）と称されることからも分かるように、この寺はゲルク派の大本山ガンデン大僧院の末寺である。

さらにこの翌年、乾隆帝はパクパとフビライの故事に倣って、雍和宮でチャンキャ三世よりチャクラ・サンヴァラの灌頂を授かった。こうして、乾隆帝はフビライの転生者、チャンキャ三世はパクパの転生者と称えられ、この師弟は宮中や城内、夏の都の熱河にチベット僧院を次々と建てチベット仏教僧を常駐させ、チベット大蔵経をモンゴル語と満洲語に翻訳した。

乾隆帝のチベット仏教に対する傾倒を最もよく示しているのは、乾隆帝が自らを菩薩王として描かせた肖像画であろう。この絵は三タイプ残っており、いずれの構図でも乾隆帝は文殊菩薩（仏の智慧の顕現）のシンボルである剣と経典と、転輪聖王（武力を用いずに仏教で世界を征服

「乾隆帝肖像画」
文殊菩薩のシンボルである剣と経典と、法輪を持つ転輪聖王の姿に描かれている

する帝王）のシンボルである法輪を持つ僧形の姿に描かれている。

満洲皇帝の支援によってチベット仏教は富み栄え、中央ユーラシアの諸民族はチベットの高僧をこぞって崇拝した。ダライ・ラマの継承の際にはその是非をめぐって騒乱が起き、チベットに集まる富を求めてネパールからグルカ人が襲来しもしたが、その混乱を治めるべく清朝軍やモンゴル軍がチベットに侵攻する場合には「仏教のため、チベット人のため」という名分が掲げられ、乱の収束の後には速やかに軍を撤収した。国益に基づく侵攻と受け取られないようにである。つまり、清朝は対チベットの軍事行動に際しては、仏教の擁護者として振る舞うことに気を配り、決して現代的な意味での征服や領域支配などを企図していなかったのである。

しかし、清朝末期になり帝国主義列強の中国への侵略が加速するにつれ、清朝の近隣の民族に対する政策も、伝統的なものから、国民国家的な枠組みに囲い込もうとする政策へと転換がなされ、一九一〇年に清朝軍はラサへと侵攻した。しかし、直後に辛亥革命により清朝は崩壊し、清朝軍は速やかにチベット域外に駆逐された。

❖西洋人とチベットとの遭遇

十九世紀末、西洋におけるチベット・イメージとは、西洋では失われてしまった古の智慧の伝わる神秘の地というものであった。欧米の探検隊は競ってあこがれの都ラサへ向かったが、チベットの地方官に阻まれてラサに到達することができなかった。ダライ・ラマ十三世［一八七六―一九三三］が、インドやブータンやネパールが次々とイギリスの手に落ちていくのを目の当たりにして、西洋人を警戒して厳格な鎖国体制を布いていたからである。このように西洋人に対して堅く門戸を閉ざしていたチベットに対して、中国共産党は一九五〇年「帝国主義からチベットを解放するために」（十七条協約前文）、侵攻したのである。チベット人が中国人民解放軍を侵略軍とみなしたことは当然のなりゆきであった。

一九五九年にダライ・ラマはインドに亡命し、引き続いて中国がチベット政府を解体すると、多くのチベットの高僧が迫害を逃れてヒマラヤを越えて、インドに逃げてきた。

折しもヒッピーの時代であった。ヒッピーたちはチベットの高僧を難民キャンプに訪ね、そこに不条理にも国を奪われたにもかかわらず、侵略者を憎んでもいなければ、絶望にも押し潰されていない、それどころか、じつにユーモアに富んだ魅力的な人々を見いだしたのである。

チベット文化の奥深さに気づいた西洋人はチベット文化を学び始め、この人格者を生み出す母体がチベットの僧院社会であることに気づき、僧院社会を持続可能な形で存続させるために、チベット本土に実質的な自治を求めるフリー・チベット運動が始まった。こうして欧米の政治的・経済的な支援により、チベット文化はかろうじて維持されてきたのである。

チベット文化と異文化の接触の歴史を見ていくと面白いことに気づく。チベットは常にその時代その時代に最も豊かで繁栄した帝国の支配者や知識人の心を摑んで発展してきたことである。十三～十四世紀には元朝を建てたモンゴル人、十七～十九世紀には清朝を建てた満洲人、二十世紀には欧米の知識人と、常に時代時代の最も豊かな国の知識人の心を摑んでいるのである。このように、文化背景の異なる諸民族に感化力を発揮していることは、チベット文化が普遍的な性格を持つことを示し、特に上層階級の人々が帰依していることは、その文化が知的な考察に堪える高度な体系を持っていることを意味している。そのようなチベットの精神文化が、物質的な発展しか辞書に持たない、貧しい社会主義政権によって支配されたことがいかに破滅的かつ悲劇的な出来事であったかは言を俟たない。

以下に西洋人とチベットの関わり方をその初期の頃から見ていきたいと思う。

第1部

小説の中のチベット

20世紀前半のチベット・イメージ

「そんなことはありません。…連れ回しすぎたし、おいしいものを持ってきてあげられないこともあったし、暑さにも無頓着だったし、道で人と話し込んでほったらかしにしたし…おれは…おれは…ああ！　でも、お師匠さんが好きなんだ。」

(『少年キム』斉藤兆史訳)

第一章

白人少年とラマ僧の幸せな出会い――『少年キム』

ラドヤード・キプリングの最高傑作は、言うまでもなく『少年キム』であろう。大英帝国統治下のインドを描いた最良のイギリス文学として知られ、一九〇一年に書かれたこの作品によってキプリングは文壇の寵児となり、一九〇七年にはイギリス初かつ最年少のノーベル文学賞受賞者となった。

この小説の主人公キム（キンバル・オハラ）は、大英帝国統治下のインドにおいてアイルランド人の両親の下に生まれたが、幼くして父母を亡くしたため自らの出自を知ることもなくラホールでストリート・チルドレンとなっていた。『少年キム』はキムが、チベットから来た老僧を始めとして、イスラーム教徒のパターン人マハブブ・アリ、ヒンドゥー教徒のクルの女領主、イギリス人のクライトン大佐、ベンガル人のハリーといった宗教も人種も異なる様々なサブ・キャラクターとの出会いを通じて、自らのアイデンティティを見いだしていく物語である。

サイードは主著『オリエンタリズム』の中で『キム』には、大英帝国の支配に対して批判的な登場人物が現れないことを指摘し、ここに書かれているのはイギリス人から見た「こうあってほしいインド」であるとして、その帝国主義的な側面を批判した。当時のインドに大英帝国の支配を望まない多くのインド人がいたことを考えると、サイードの主張にも一理ある。しかし、一読

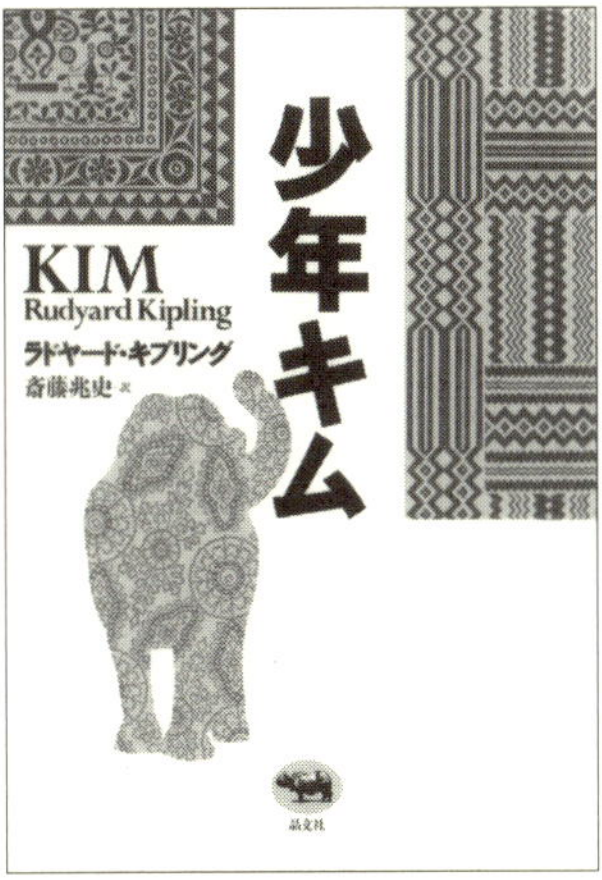

『少年キム』晶文社、1997年

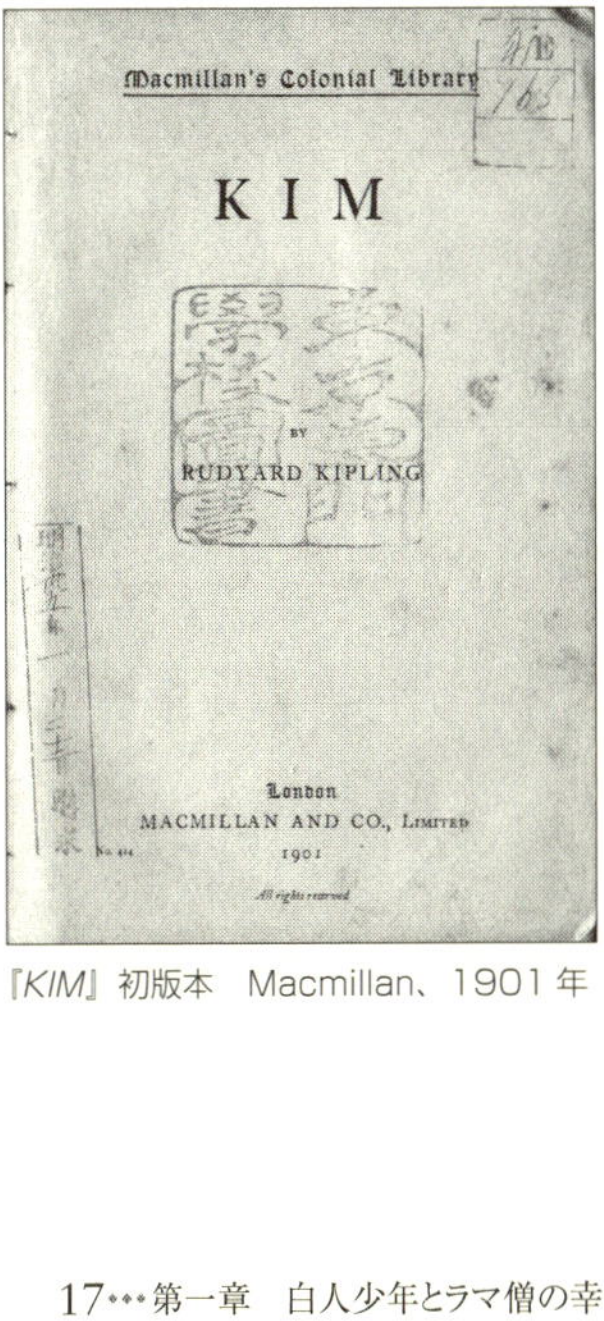

『*KIM*』初版本　Macmillan、1901年

してみれば分かるように、『キム』のテーマはあくまでもキムの成長物語にあり、見所はそれを促したキムのチベットの老僧に対する圧倒的な敬慕――それは師に対する敬愛と父に対する親愛の入り混じったようなもの――なのである。大英帝国のインド支配は二人の絆を示すための背景か道具立てであることは、以下のキムの台詞が示している。

「ぼくはお師匠さんのおかげで賢くなったんです」キムは……聖ザビエル校のことも、自分のなかに流れる白人の血も、グレート・ゲームのことも忘れ、イスラム風に屈みこんで、ジャイナ寺院の砂の上で師の足に触れた（斉藤兆史訳『少年キム』）。

キムは白人ではあったが、ストリートで生きるためにありとあらゆるカーストの服装、言葉使い、仕草に精通しており、状況に応じて白人の子供、ヒンドゥー教の低カーストの小僧、イスラームの子供の姿を使い分けていた。キムのこの茫漠としたアイデンティティは多様なものをそのまま身のうちに共存させるインドそのものであり、従って感極まると、イスラーム風にかがみ込んで、ジャイナ寺院の庭で、チベット仏教僧のおみ足をいただくこととなるのである。
キムが奇しくもここで口にしたように、キムにとって最も重要なことは白人としてインドに君臨することでもなく、ロシアとの諜報戦（グレート・ゲーム）に勝つことでもなく、チベット僧にひれ伏すことにあったのである。

ある人は、作中でとりわけ尊重されているこのチベット僧ですら、白人を賛美する言葉を言わされていることから、キプリングの白人優越主義を批判する。しかし、全編を通じてキムは身を挺してラマ僧を護っているし、また、ラマ僧は浮浪児キムのために学資を出してインド最高の教育機関・聖ザビエル校で学ばせ、愛と高潔さによってキムを育む師として描かれているため、キプリングがチベット僧を白人の下に位置づけているとは必ずしも言えまい。

帝国主義の小説というレッテルを貼って『キム』を読むと、時代錯誤の植民地文学でしかないが、何者でもなかった一人の少年がチベットの高僧との出会いを通じて愛すべき大人へと成長していく物語として鑑賞するとき、この小説は現代にも通じる真理を語り始める。

❖キプリングの仏教理解

十三歳のキムがラホールの広場に鎮座するザムザマ大砲の上に跨って足をバタバタさせて遊ん

ザムザマ砲に跨がるキム
出典：『*KIM*』Macmillan、1901年

でいると、今までに見たこともない風変わりな老僧が市場の方からやって来た。

ラホールは今も昔も人種のるつぼであり、そこに暮らすキムはあらゆるカーストを熟知していた。そのキムにさえ分からなかった老僧の正体はチベットから来たラマ（高僧）であった。キムはこのラマ僧に一目で魅せられ、ラマ僧が「秘宝館」に所蔵されている仏像を拝観しにきたことを知ると案内役を買って出た。

ラマの言う秘宝館とはガンダーラ仏のコレクションで名高いラホール美術館のことである。キムは美術館の館長とラマ僧との会話を盗み聞きするうちに、このチベット僧があらゆる罪業を洗い流してくれるという聖なる河を探しにインドに来たことを知る。キムは聖河を探すというあてのない旅に心が躍り、この世間知らずのラマ僧をインドの混沌から護らなければ、という気持ちにも駆られ、ラマ僧の弟子となって二人の旅は始まる。

本書の中でキプリングは仏教を筆頭に、ヒンドゥー、イスラーム、ジャイナの全ての信徒に対してキムの目を通じて暖かい視線を送っている。キプリングがインドの様々な宗教を愛したのはキプリングがインド育ちであり、少年時代を過ごしたインドを心から愛していたからであろう。しかし、サブキャラクターの筆頭であるチベット僧は、インド人ではないし、仏教もインドで滅びてから千年たっている。インドの様々な宗教をさしおいてキプリングが仏教に特に高い評価を与えたのはなぜであろうか。

キプリングが生きた十九世紀末から二十世紀初頭、西欧の思想や文芸の世界にはインド思想に対する賛美があふれていた。その先鞭をつけたのは仏教やジャイナ教の教えを称えたショーペン・ハウアーの思想であり、イギリスの詩人アーノルド（Edwin Arnold）［一八三二―一九〇四］も、『バガヴァッド・ギーター』を意訳した『天来の歌』（*The Song Celestial*）と、釈尊伝をうたった『アジアの光』（*The Light of Asia or the Great Runnciation*, 1879）などを著して、インド思想を欧米に普及させた。特にアーノルドの釈尊伝はイギリスでは六十版、アメリカでは八十版を重ねるベストセラーとなった。

伝統的にキリスト教を崇拝する西欧社会において、異教の開祖の伝記がこのように流行したのは、時代の要請があったからである。

近代において西洋人は神を否定し、かわって科学を発達させた結果、物質的には豊かで便利な社会となったものの、その代償として道徳心のたがが外れ、さらには、救済者がいなくなるという精神的な不安も抱えることとなった。このような西洋人の不安は、青年期の釈尊が王子として物質的には何不自由ない生活を送りながらも、そこからは慰めを得られなかった姿と重なろう。

釈尊は快楽に満ちた生活を捨てて出家し、自分の苦しみの原因となっていた心の中の悪しき性質（煩悩）を瞑想によって陶冶し、完成した人間、すなわち仏となった。このように、苦しみを自らの心の中にあるものと自覚し、自分を救済するのは神などの絶対者でなく自分自身である、と考える仏教思想は、神を否定し自分の足で歩きだした西洋の人々の心に響くものがあった。こうして、世紀末の欧米において釈尊伝はオペラや小説の題材となって大流行し、イギリスの考古学者は釈尊ゆかりの地の発掘に奔走することになったのである。

キプリングはこのように、インド思想や仏教が高く評価される世界的ムードの中でインドに生を受け『キム』を著したので、『キム』の中で仏教僧が別格の扱いを受けるのは必然の流れであったのである。

物語の世界へ戻ろう。

キムとラマ僧の道行きは前半の見所である。キムはストリートで身につけた口八丁手八丁によって、旅の途中振りかかってくるありとあらゆる困難からラマ僧を護る。浮浪児であるから道徳心はなく、相手にあわせて嘘八百を並べては、食べ物を出させ、汽車の切符を買わせ、寝る場所を確保するのである。このキムの雄弁としたたかな早熟さは、読者の興味を否応なくこの少年に惹きつけていく。そのうち、超然としていたラマ僧もキムのことを憎からず思うようになっていく。

ここでキプリングの仏教理解がどれほどのものであったのかを見てみよう。『キム』の作中でラマ僧は出会う人ごとに自らの描いた六道輪廻図を指し示しながら、現世に執着すべきではないこと、この輪廻から解脱すべきことを説き、自らを「中道を歩むものである」と説く。チベットの僧院の入り口には必ずといっていいほど六道輪廻図が描かれていることからも分かるように、輪廻思想はチベットの仏教の最も基本的な思想である。従って、ラマが異教徒に対してまず六道輪廻図を広げて説明するという設定は、キプリングがチベット仏教を比較的きちんと理解していたことを示している。

また、ラマ僧がインドに巡礼に来た目的である「矢の聖河」とは釈尊伝の中にその典拠を見いだすことができる。

釈尊伝によると、釈尊は青年時代ゴーパー后を争って従兄弟たちと武芸を競い、その圧倒的な強さで勝利した。その時、釈尊は十クローシャの距離に鉄製の野豚を立て、祠堂から持ってき

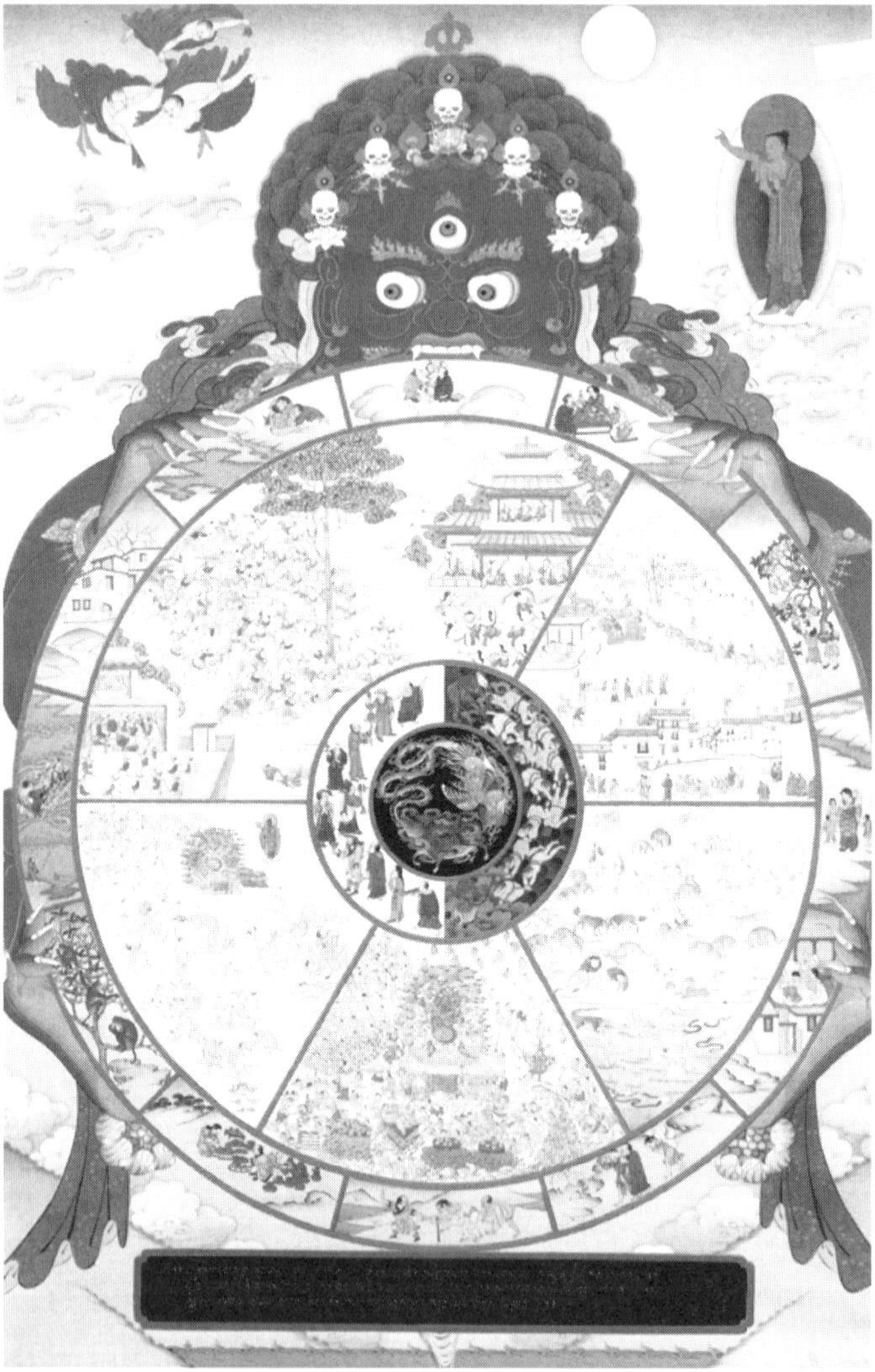

六道輪廻図
出典：『タンカ展ーチベット密教の謎を解く』図録、板橋区立美術館、1983 年、p.53

た先祖シンハハヌ（獅子頬）の矢をつがえ、片足を曲げ、もう片足は伸ばした姿勢で矢を放つと、矢は鉄の太鼓、七本のターラ木、鉄の豚を全て貫き、地に刺さって見えなくなった。そこから泉のようなものがわき出し、それは「矢の泉」と言われたという。キプリングの「矢の河」とはおそらくはこの「矢の泉」の伝説を基にしたものである。

「矢の泉」は、このように釈尊伝に典拠は見いだせるものの、僧院長クラスのチベットの高僧がインドにまで巡礼に来るにはマイナーな聖地である。チベット人がインド巡礼で訪れる地といえば、釈尊が生まれたルンビニーの苑、覚りを開いたブッダガヤの地、初めて法を説いたサールナート、涅槃に入ったクシナガラの計四カ所と、この四大聖地に釈尊が神通力を示して外道を調伏したシュラーヴァスティー（舎衛城）、釈尊が天界の母に説法して降臨したサンカーシャ（僧伽尸）、釈尊が僧団を和合させたラージャグリハ（王舎城）、釈尊が三カ月後の死を決意し大地に生命力を放ったヴァイシャーリー（毘舎離）の四つを加えた八大聖地である。

キプリングがこの知名度の低い「矢の河」をチベット僧の旅の目的に据えたのは、八大聖地などと異なり場所が特定されていないために、キムと老僧の二人をあてのない旅に出すにはうってつけであったからであろう。

しかし、チベットの高僧が「矢の河に浸かると、正しい覚りを得る」という目的で巡礼をして

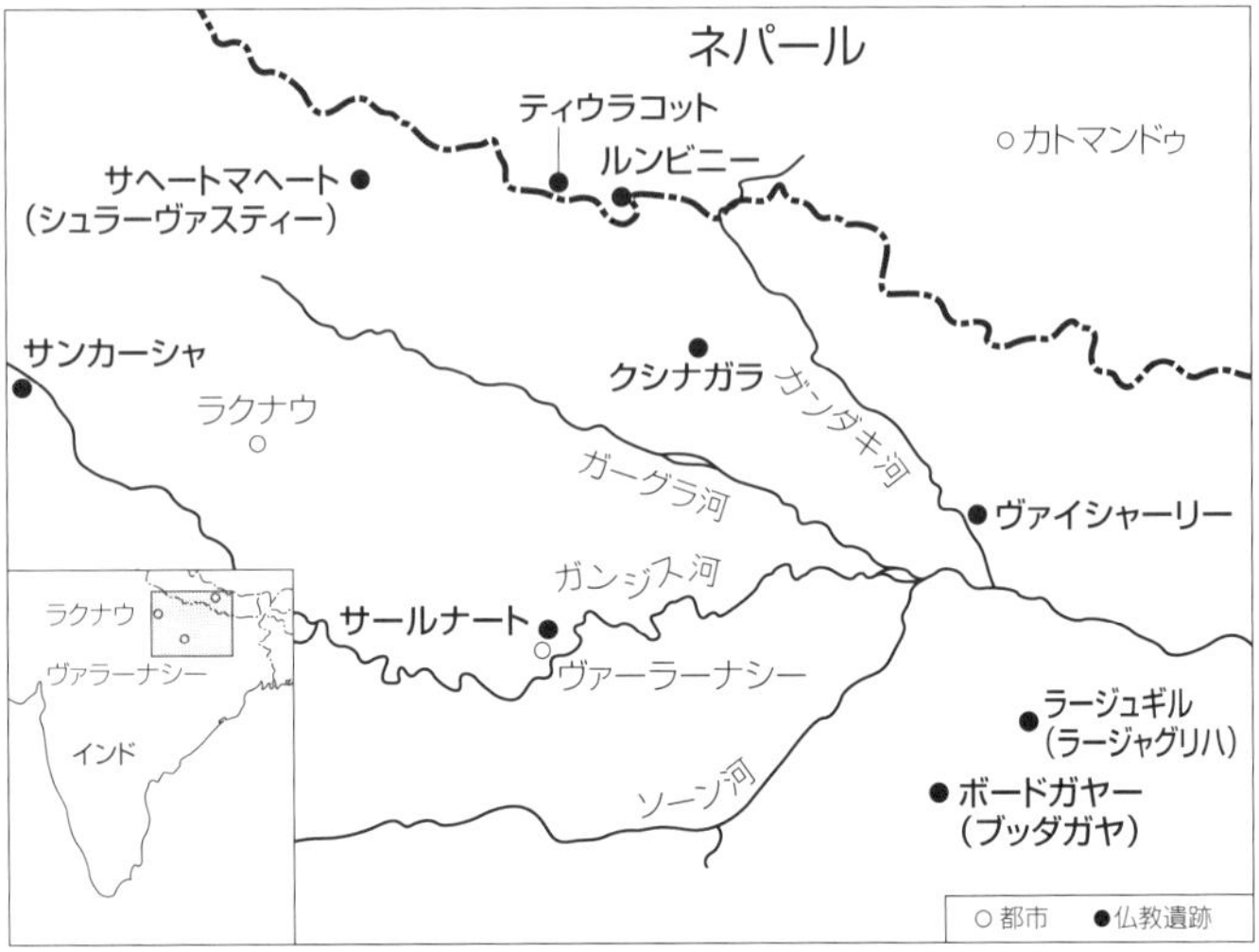

ガンジス川流域に位置する釈尊の八大聖地

いたのは仏教の思想とはややはずれる感は否めない。チベット仏教においては、煩悩やそれに基づく悪業は、日々の瞑想によって意識をコントロールしていく中で消していくものであり、聖なる河に浸かって簡単に清められるような類のものではない。聖河に浸かって罪業を清めるという思想はどちらかと言えば、聖なるガンガー河に沐浴して罪業を清めようとするヒンドゥー教徒の思考法である。このあたりはキプリングの仏教理解の限界なのかもしれない。

❖黄金郷チベット

キムとラマ僧の幸せな旅は、緑の野原で雄牛の旗を立てていたマヴェリック連隊に出会って終わった。この連隊はキムの亡き父親が所属していたもので、連隊の人々はキムが首から提げていた袋に入った出生証明書から、オハラの息子が目の前にいることを知った。神父はキムにインドを支配する白人として恥ずかしくない教育を身につけさせるため、貧しい白人が通う学校へと入れようとした。

キムはラマ僧との旅を楽しんでいたため、窮屈な学校暮らしを拒否し、すぐにでも脱走するつもりであったが、キムに教育を受けることを決意させたのは意外にもこのラマ僧であった。ラマ僧はキムのことを心から愛するようになっており、本心では側におきたいと願っていたが、キムがヒンドゥーの小僧でもイスラームの少年でもなく、イギリス人であることを知ると、イギリス人として成人することを望んだのである。

ラマ僧がインドで初めて接したイギリス人はラホールの美術館の館長であった。館長はインドではすでに滅びていた仏教の歴史に通じ、仏跡に詳しく、仏像を保存しており、ラマ僧から見た館長は、自分とは異なる形で仏教を今に伝える人物であった。ラマ僧はキムが館長のような学識あるイギリス人になることを望んだのである。

ラマ僧は連隊の神父に「インドで最高の教育を提供してくれるところはどこか」と聞き、ラクノウにある聖ザビエル校であると知ると、キムがその学校で勉強できる金を工面すると申し出た。こうして、キムは尊敬するラマ僧の命令によってしぶしぶ聖ザビエル校へと入学し、イギリス人としての一歩を踏み出すのである。

現代の読者はチベットから来た巡礼のラマ僧がなぜこのような大金を持っているのか不思議に感じるかもしれない。キムがラマ僧と最初に会った時も、ラマがあまりにもたくさん金を持っていたことから、その金によって悪人に騙されないように弟子になることを決意している。この「裕福なラマ僧」という設定はじつにヘロドトスにまで遡る「チベットには豊富な金がある」というイメージから生まれたものである。

ヘロドトスは『歴史』の中でインドの北方地域に金を掘る巨大な蟻がいることを記している。

一方、カスパテュロス市やパクテュエス人の国の辺境には別のインド人がおり、他のインド人の北に居住し、大略バクトラ人と同じ様な生活様式を持っているが、これがインド人のうち最も好戦的であるし、且つ、採金に出かけるのは彼らである。というのは、その地方に沙漠が存するからである。この沙漠の砂地には、……犬よりは小さいが、狐よりも大きい蟻がいて、この蟻が地下に巣を造り、丁度その形も非常に酷似しているが、ギリシャにいる蟻と同様に、砂を運び上げて来るのであるが、その運び上げられる砂の中に金が含まれているのである。そこで、インド人は各自三頭のらくだを軛《くびき》にかけ、〔らくだの〕雌を中央にし両側に綱で引かれた雄を駆り立て、その砂を採取しに砂漠にでかけるのである（青木巌訳『歴史』巻三）。

ヘロドトスのこの記述がチベットを指すと解釈されて以来、「チベットには黄金がある」というイメージは西洋に広く浸透することとなった。十九世紀に入ってインド測量局の命を受けてチベットに潜入した現地スパイ、パンディットたちもチベットの金鉱について調査するように命じられている。

一八六七年にパンディットのナイン・シンたちは、西チベットからチベットに潜入しトクジャラン金鉱を調査している。それによると、この金鉱は人が年間を通じて生活できる高度の限界にあり、金鉱夫たちは西チベットの冷たい風から身を守るため、地面を掘り下げてテントを張り、露天掘りで金を掘っていた。『パンディット』という著書のあるデレク・ウォラー（Derek

Waller）はこの調査報告よりヘロドトスの記録した巨大蟻は、チベットの鉱夫たちが冬の寒風から身を守るために穴を掘ってテントを張り、毛皮で着ぶくれてして露天掘りをしていたことが蟻の穴掘りを連想させたと推論している。

チベットの金脈はチャンタン（西北チベット高原）というチベット高原の中でも最も高度の高い砂漠地帯にあり、多少の黄金が産出するにせよ、露天掘りの非効率とそれを運び出すコストを考えると「チベットには黄金がある」という欧米のイメージは大げさに過ぎるだろう。

しかし見方を変えれば「チベットには黄金がある」ことは事実である。ただしそれは地下から掘り当てられるものではない。

十七世紀以後、チベットに君臨するダライ・ラマがモンゴル人、満洲人、ネパール人に信仰された結果、チベットには莫大な布施が集まってきた。この富を求めて、当時インド、ネパール、雲南、中央アジア、遠くはアルメニアなどから多くの商人がラサに雲集していたので、彼らの口から「チベットには黄金が豊富」というイメージが改めてヨーロッパに広がり続けていたのだろう。

そして、チベット人も「チベットには宝がある」と言う。それは仏法僧という三つの宝（三宝）である。この三宝が古から今に至るまで、チベットに精神的な恵みをもたらしてきたとチベット人は言う。

つまり、チベットには西洋人の考える文字通りの物質的な金と、チベット人の考える精神的な金（三宝）の両者があるのであり、「チベットには黄金がある」という西洋のイメージはまんざら間違ってはいないのである。

❖グレート・ゲームとパンディットの献身

『キム』の物語の世界に戻ろう。

聖ザビエル校で学ぶキムは、やがてクライトン大佐に見いだされ現地人スパイ、パンディットになるようにと勧められる。キムがストリートで暮らしていた頃に身につけた様々なカーストの仕草や言語が、様々な人種に化けて潜入捜査を行う際に役立つと見込まれてである。キムはその勧めに応じてパンディットとしての訓練を受けることとなった。

十六歳になったキムはハンサムでしたたかな青年に成長していたが、ラマ僧に対する敬慕の情は変わることはなかった。学業に一区切りがつくと、クライトン大佐に再びラマ僧と旅に出たいと申し出て、クライトン大佐もその願いを聞き入れた。ラマ僧とキムの二人は聖河を求めて今度はヒマラヤへと出奔する。

二人をヒマラヤに行くように仕向けたのは、自分の任務にキムを利用しようとしたパンディットのハリーの画策であった。彼はヒマラヤ地域で活動するロシアのスパイから測量結果と、土地の王侯がロシア人に渡した書簡とを入手するように命令を受けていたのである。

さて、ここで改めてキムを現実世界から照射するべく、まず、登場人物のモデルとなった実在の人々と、彼らをめぐる世界情勢について見ていこう。

シャーロキアンが、シャーロック・ホームズの作中に描かれた場所や施設をめぐると、作中に描かれたままの建物や小道具を見いだすことができるように、『キム』に描かれている時代、建物、機関、そして登場人物の多くには、この時代のイギリス小説の常として実在のモデルがある。

帝国主義の研究家ホップカークはキムの舞台となった地をめぐり『キムを求めて』（*Quest For Kim*）という旅行記を著している。本書によると、キムとラマ僧が初めて出会ったザムザマ大砲や美術館は今もラホールの観光名所であり、ザビエル校のモデルになった学校も、スパイ養成校も当時は実在していたという。

そして本書には『キム』の登場人物のモデルの比定も行われており、これが非常に興味深い。

まず、主人公のキムがキプリング自身であることは言うまでもなく、ラマ僧が感銘を受けたラホール美術館の館長は、美術教師であったキプリングの父親がモデルである。これらは極めて私的なモデルと言えるが、グレート・ゲームのプレイヤーの面々、クライトン大佐、ベンガル人スパイのハリーはそれぞれ歴史的な有名人がモデルとなっている。彼らについて語る前に当時の世界情勢をチェックしておこう。

十九世紀の後半、ロシアとイギリスは、中央アジアをチェス版に、小王国群をチェスの駒に見立てて競い合って領土を拡張していた。両国は中央アジアの隅々にまでスパイを送り込み、地形

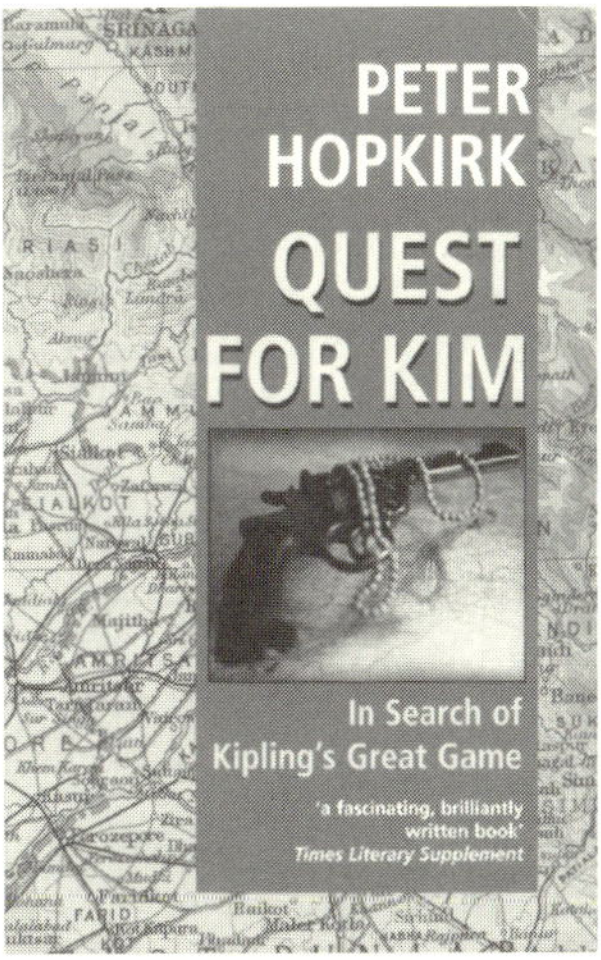

『QUEST FOR KIM』Oxford Paperbacks；New edition 版、2001 年

映画『KIM』
MGM（WARNER）、1994 年

を測量して地図を作り、国情を調べ、その地域の市場への相手国の浸透度を調べた。この帝国主義の前哨戦となる諜報戦はキプリングによって「グレート・ゲーム」と命名され広く知られるようになった。

十九世紀末になるとロシアもイギリスも中央ユーラシアの分割をほぼ終え、パミール高原を挟んで両国間の距離は二十マイル以下にまで縮まっていた。このような状況になっても広大なチベットは世界から隔絶していた。その地理的峻険さとチベット政府が強力な鎖国体制を敷いていたことから、外国人が容易に入境できなかったからである。

そこでインド測量局のモントゴメリー大尉（Montgomery）［一八三〇—七八］は白人をチベットに潜入させることを諦め、ヒマラヤの山岳民族をチベット人に偽装させて潜入させる計画を立てた。大尉はナイン・シン、マニ・シンという二人の山岳民族を選抜して、インド北部のデラドゥンに送り、測量や調査の技術を学ばせ、どのような地形でも一定の歩幅で歩く訓練を受けさせた。

彼らは巡礼に偽装してチベットに潜入し、数珠を使って歩数を数えながら歩き、測量結果は紙に記してマニ車にしのばせた。数珠は本来仏教徒がマントラを唱える際にその回数を数えるために用いるものであり、珠の数は百八個である。現地人スパイたちはここから八個の玉を抜いて切りのいい百個にして歩数を計測するのに用いた。チベット人は行住坐臥いつでも数珠をつまぐりながらマントラを唱えているので、スパイたちが歩数を数えながら数珠をつまぐっていても目立たない。イギリスが養成したこのような現地人のスパイは、サンスクリット語で「賢者」を意味する「パンディット」と呼ばれ、彼らは大英帝国のスパイの麗しき伝統に則り、名前ではなく記号で呼ばれた。

賢明な読者はもうお分かりかと思うが、『キム』のクライトン大佐のモデルはパンディット計画を創始したモントゴメリー大尉である。また、『キム』に登場する民族学に通じたベンガル人のパンディット、ハリーは実在のパンディット、サラット・チャンドラ・ダース（Sarat Chandra Das）［一八四九―一九一七］をモデルとしたものである。『キム』の中で、ハリーがラマ僧からチベットの文化についてあれこれ聞き取り調査を行っているのは、ハリーのモデルであるチャンドラ・ダースは、スパイとしてよりも、チベット学のパイオニアとし

ベンガル人のパンディット、ハリー
出典：『*KIM*』Macmillan 、1901 年

て名が知られているからである。

❖白人少年とラマ僧の幸せな出会い

『キム』に登場するあらゆる人種、あらゆる階層の人々は、異国から来た見慣れぬラマ僧を初めは軽んじるが、ラマ僧の話を聞くと只者ではないことに気づき始め、最後には尊敬の念を表すようになっていく。キムがラホールで最初にラマ僧と出会った時も、インド人の悪童たちはラマ僧をこばかにしたにもかかわらず、キムだけはすぐにラマ僧の高徳を見抜いた。

ラホール美術館の館長も、大英帝国に忠誠を誓ったインド人の老兵も、孫の健康を祈る老いたクルの女領主も、ベンガル人のスパイも、異教徒であるラマ僧に対して偏見を持っていた英国国教会の神父ですら、みな最後はラマ僧を尊敬し彼のために何かしたいという気持ちになっていく。それは、自分たちが執着している金や名誉や力や子孫繁栄こそが、自分たちの苦しみの原因であるとのラマ僧の教えが極めて論理的であり、それが言葉だけでなくラマ僧の人格の上に体現されていたからであった。

しかし物語の終盤にあたってラマ僧の徳を理解しない唯一の登場人物、ロシア人が登場する。キムは自分が帯びている任務についてはラマ僧に明かさないまま、ヒマラヤ山中でさりげなく内偵対象であるロシアのスパイ一行に近づいていく。キムはラマ僧のお伴の扮装をしているため、ロシア人はキムがイギリス人であるとはつゆ思わない。

ラマ僧は、いつもそうしてきたように、ロシア人に対して六道輪廻図を広げて仏教の教えを説き始めた。ロシア人たちは、ラマ僧の言うことを理解できなかったものの、六道輪廻図の素晴らしさを見て、「その絵を売れ」と持ち掛けてきた。ラマ僧は「ロシア人たちが仏道を本気で求めているのであれば別の絵を描いて授けるが、これは弟子の教育に使うので差し上げられない」と断ると、ロシア人たちは、ラマ僧を「汚い紙切れの値引きを渋っている汚い老人」と決めつけて、なかば冗談のつもりで輪廻図をひったくった。すると絵の片方はラマ僧に握られていたために、絵は二つに引き裂かれ、自らの行いで絵が破けたにもかかわらず、ロシア人はかっとなってラマ僧の顔を殴りつけた。

今までキムがどれほど老ラマ僧を大切に思い、世話をしてきたか、ラマ僧が会う人ごとにいかに彼らを魅了してきたかを見てきた読者は、この瞬間、キムが感じた憤りを追体験し、ロシア人に対して大いなる怒りを感じることとなる。ロシア人はラマ僧の精神性を理解しないどころか、乞食坊主とみなして、さらに手まで上げたのである。

キムははじけるようにロシア人につかみかかると、くんずほぐれつ斜面を転がり落ち、息も絶え絶えのロシア人の頭を丸石にがんがんぶつけた。

この部分を読むたびに、西洋人とチベットの高僧の関係はこの百年全く変わっていないことに気づかされる。西洋人はチベットから降りてきた高僧たちの教えに接し自らの精神の貧困さに気づき、頭を垂れる。そこにもってきて、中国共産党の広報がチベットの高僧を悪しざまに中傷するとき、西洋人が感じる怒りはキムがロシア人に対して感じた怒りと同質のものである。かくして、キムが瀆聖のロシア人に飛びかかったように、欧米のサポーターたちは中国に対してフリー・チベットの声をあげることとなる。

そしていきりたつ若者たちを鎮めるのはいつの時代もラマ僧である。ロシア人に復讐しようとする仏教徒のポーターたちに対して、ラマ僧はこう叫ばねばならない。

「怒りは怒りを増すだけ！　悪は悪を増すだけだ！　殺生はならぬぞ。僧侶を殴る者は己の業に縛られるままにしておくがいい。輪廻は正しく確実にめぐり、些かも過つことはない！あの者たちは何度も生まれ変わるだろう。苦しみながら」（斉藤兆史訳『少年キム』）。

このあと、『キム』はいよいよ大団円に向かう。ロシア人に殴られたことによって、ラマ僧は自分の心の中にまだ怒りが残っていたことに気づき、その衝撃から病に倒れる。弱ったラマ僧はキムに対してこう言う「おまえはわたしに優しすぎる」。するとキムはこう答えるのである。

「そんなことはありません。……連れ回しすぎたし、おいしいものを持ってきてあげられないこともあったし、暑さにも無頓着だったし、道で人と話し込んでほったらかしにしたし……おれは……おれは……ああ！　でも、お師匠さんが好きなんだ」（斉藤兆史訳『少年キム』）。

この何をおいてもラマの役に立ちたいというあふれる思いは、百年後、チベットの高僧たちと出会ったニューヨークの若者が、自分の師に対して抱く思いと何と似ていることか。「お師匠さんの肉体はぼくに頼っておられるけど、ほかのすべてのことにおいてぼくはお師匠さんに頼っているんですよ。ご存じでしたか？」と言うキムの言葉が、チベット・サポーターとして名高いリチャード・ギアの「チベットを救うことは、自分自身を救うことになる」という言葉とどれだけ呼応していることか。

キムは老僧を介護しながら旅を続け、疲労困憊の状態でクルの女領主の館に転がり込み、今度は自分が倒れてしまう。そして数日の深い眠りの後目覚めると、キムの前には新しい世界が広がっていた。この時、キムは自分のアイデンティティが世界とかっちりとかみあったことを感じ取ったのである。そして自分の未熟さに衝撃を受けていたラマ僧も、キムの愛を通じて自分の聖河を見いだしたことに気づく。このラストシーンは人を思うことによってもたらされる魂の成長が『キム』のテーマであることを確かに示している。

百年経った今も『キム』が色褪せないのは、『キム』に描かれている「ラマ僧によって導かれる白人」という関係が今なお世界中で起きている出来事だからである。今も世界中で新たなキムがチベット僧と出会い、その教えから成長している。このことを念頭におきながら、キプリングのこの名著を帝国主義の遺物と切って捨てるのではなく、魂の成長物語として再読することをお勧めしたい。

「The end of the serch」 探求の終わりに新しい世界が広がる
出典：『*KIM*』Macmillan、1901 年

第二章

ホームズの臨死体験――『シャーロック・ホームズの帰還』

手慰みに書いた『緋色の研究』が思いの外に売れてしまったため、コナン・ドイルは探偵小説家として世に出ることとなった。その後もホームズ・シリーズは売れ続けドイルは人気作家となったが、一八九三年の「最後の事件」において、ホームズを宿敵モリアーティ教授とともにスイスのライヘンバッハの滝に落とし、ホームズ・シリーズを終わらせてしまった。人気の頂点にあったホームズ・シリーズをドイルはなぜ終わらせてしまったのか。その理由については様々に喧伝されているが、中でも最も有力な説は、「ドイルは探偵小説家としてよりも歴史小説家として身を立てたかったため、探偵小説を封印した」というものである。確かにドイルはそれから歴史小説をいくつか発表したが、結局はホームズ・シリーズの再開を望む世間の声に抗しきれなくなり、一九〇三年についに新作「空屋の冒険」を世に出した。

シリーズが休載していたのは一八九三年から一九〇三年までの十年間であるが、作中でホームズは、一八九一年に滝に落ちて行方不明となり、一八九四年にワトソンの前に姿を現すので、ホームズの失踪期間は三年という設定になっている。

ホームズはこの三年間どこにいたのだろうか。この空白期間はシャーロキアンから「大空白期」と呼ばれ、その間の行動については様々な憶測が乱れ飛んでいる。しかしまずは、本人の談

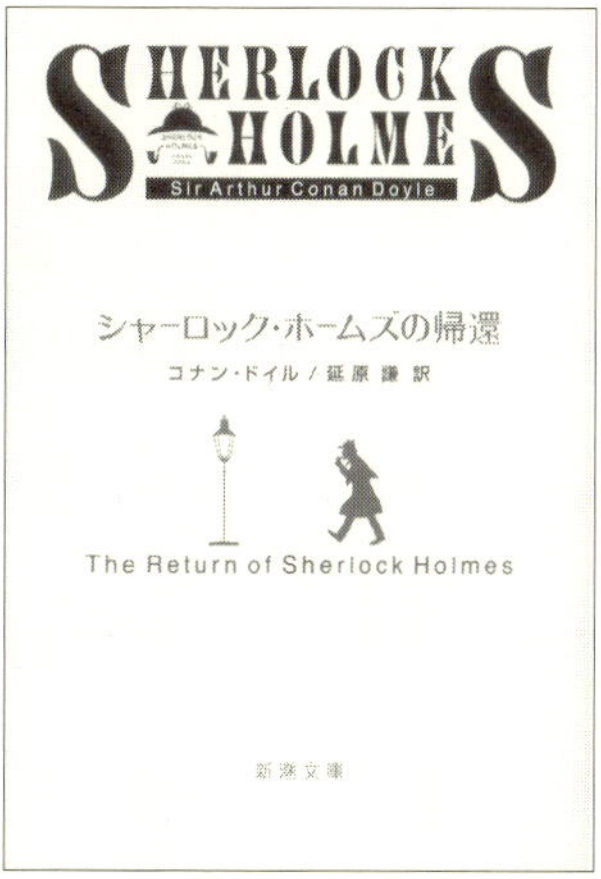

『シャーロック・ホームズの帰還』新潮文庫；改版、1990年

『The Return of Sherlock Holmes, Volume One [Audiobook]』(CD)BBC Audio、2005年

を聞いてみることとしよう。

「空屋の冒険」のクライマックス・シーンで変装を解いて自らの生還を示したホームズは、腰を抜かしたワトソンに向かって不在期間の行動をこう説明した。

まず、滝に落ちて死んだのはモリアーティ一人で、自分は滝に落ちていないこと、ワトソンにすら生存を沈黙していたのは、モリアーティの手下の報復を避けるためであったこと、モリアーティの手下の追跡を避けてイタリアからチベットに渡りそこで二年を過ごし、ペルシア、メッカを経て、フランス経由でロンドンに帰郷したということを。

そしてチベットでの二年間は簡潔にこう述べている。

「私は二年の間チベットを旅行し、ラサを訪れてラマの長と楽しい日々を過ごした。ノルウェーの有名な冒険家シゲルソンについて聞いたことがあるだろう？　きみが彼のニュースを聞いたとき、ぼくの消息を聞いていたんだよ」（延原謙訳『シャーロックホームズの帰還』「空屋の冒険」）。

ホームズが行方不明であった期間の大半をチベットで過ごしたのはなぜなのか、また、当時の読者はこのことをどのように受け止めていたのか、それを知るためにまず、当時の欧米においてチベットはどのようなイメージで捉えられていたのかを検討してみよう。

❖探検家たちの世紀

十九世紀末、イギリス、フランスなどの列強が軍事力によって世界を分割していた、いわゆる帝国主義の時代、探検家は今からは想像もつかないほど社会的地位の高い職業であり、国の英雄のようにもてはやされていた。探検家がある未知の地域を調査し地図を作成し情報を収集することは、その探検家の国が対象となる国に進出する際の助けとなり、国益に直結したからである。成功した探検家は喝采とともに祖国に凱旋し、その旅行記はベストセラーとなった。

この時代の探検家にとって最高の名誉とは、探検によって得た地理学上の発見を評価されて、イギリス王室がパトロンとなって設立した王立地理学協会（Royal Geographical Society）からゴールド・メダルを受けることであった。ちなみに、先述したモントゴメリー大尉はインドのパンジャブ州からカラコルムにかけての地理調査を評価されて一八六五年にゴールド・メダルを授与されており、彼の育てたパンディットのナイン・シンもラサの位置を特定したことにより、一八七七年にゴールド・メダルを獲得している。二十世紀の初頭三度にわたって中央アジアを探検した著名な日本の大谷探検隊が、日本から出発せずロンドンまで飛んで目的地の中央アジアに向かったのも、ロンドンに本拠地を持つ地理学協会に対してアピールするためであった。

こうして、探検家たちがアフリカ、オーストラリア、南米大陸の内陸部を次々と踏査していくにつれ、「地図上の空白」は次第に小さくなっていった。しかし、南極、北極につぐ第三極、世界最高峰の山々が連なるチベットにはいまだ誰も足を踏み入れたことはなかった。ダライ・ラマ政権が鎖国政策をとっていたからである。

チベットは世界の屋根と言われるダイナミックな自然景観を有し、その支配者は転生によって座を受け継ぐダライ・ラマであり、地図の空白が示すように巨大な未知の空間であるという時点で、すでに探検家の興味を十分にそそっていたが、そこに入ることができないという閉鎖性が、いっそう多くの探検家を惹きつけたのである。

こうして、一八九〇年代前後には、欧米の著名な探検家が踵を接してチベットに向かうこととなった。

彼らは顔に炭を塗って白人であることを隠し、イスラーム商人やカシュミール人に偽装して、チャンタン、青海から南下するルート、四川・雲南から西進してラサにつくルート、ラダックから入境して東進するルートなど、ありとあらゆるルートを通じてチベットの都ラサへのアタックを試みた。

ラサへのレースの口火を切ったのは、ロシアのプルジェワルスキー大佐（Prejevalsky）［一八三九—八八］である。大佐は一八七九—八〇年、八〇—八五年の二度にわたり、中国政府が発給した入境許可証を振りかざしてコサック軍の護衛を受けつつラサに肉薄した。しかし、チベット側は「チベットは中国政府の命令に従わない。チベットの俗人も僧侶もみな外国人に慈悲の心で接するたびに悲しい経験をした」と拒絶され、帰国を余儀なくされた。そして、一八八六年にはイギリス・ベンガル政府の官吏マコーレイ（Macauley）がイギリス・チベット交易の可能性を議論するという名目でシッキム経由でラサに行こうとしたものの、計画段階でイギリス本国の命令により中止に追い込まれた。アメリカのロックヒル（Rockhill）は前例から鑑みて中国政府による入境許可証が無力であることに気づき、一八八八—八九年、一八九一—九二年の二度にわたり変装してラサに潜入を試みるも、一度目は資金難により、二度目はラサの西方百十マイルまで迫ったがチベット人に追い返されて果たせなかった。

一八八八年にはイギリスの牧師ランズデル（Lansdell）がカンタベリー司教の書簡をダライ・

ラマに届けるという名目でラサ侵入を計画するが、イギリス政府と北京政府の無関心によりこれもまた計画段階で挫折した。

一八八九—九〇年にはフランスのボンヴァロー大尉（Bonvalot）とベルギーの宣教師デデッケン（Dedeken）、一八九〇—九一年にはインドの士官ハミルトン・バウアー大尉（Hamilton Bower）、一八九二年には、イギリスのアニー・テイラー（A.R.Taylor）、一八九四年にはフランスの探検家デュトルイユ・ド・ランス（Dutreuil de Rhins）、一八九五年にはイギリスのリトルデール夫妻（Littledale）、一八九六年にはイギリスのウェルビー大尉（Wellby）ならびにマルコム中尉（Malcolm）、同年ディージー大尉（Deasy）、一八九七年にはイギリスのヘンリー・ランドー（Landor）、一八九八年にはドイツの宣教師リンハルト夫妻（Rijnhart）、一八九九—一九〇二年には、スウェーデンのヘディン（Hedin）、一九〇一年、ロシアの大尉コズロフ（Kozlov）といった具合に、当時は毎年のように欧米人がラサへと向かっていた。

不法入国者である彼らはこれらの旅であらゆる辛酸をなめ尽くした。チベット人に発見されないよう人里離れた地域からチベットに進入したため、病や凍傷に苦しみ、多くの家畜と信頼するポーターを失い、デュトルイユ・ド・ランスに至ってはチベット人と諍いを起こし、撃ち合いの最中に射殺された。リンハルト夫妻も、生後一年の幼い息子と夫を失っている。

ラサへの潜入アタック（8カ国、17名、計18回いずれも失敗）

国名	肩書	氏名	年
ロシア	探検家	プルジェワルスキー大佐	1879-80、80-85年
イギリス	ベンガル政府の官吏	マコーレイ	1886年
アメリカ	元・北京の大使官員	ロックヒル	1888-89、91-92年
イギリス	牧師	ランズデル	1888年
フランス	探検家	ボンヴァロー大尉	1889-90年
ベルギー	宣教師	デデッケン	1889-90年
インド	士官	ハミルトン・バウアー大尉	1890-91年
イギリス	長老派宣教師	アニー・テイラー	1892年
フランス	探検家	デュトルイユ・ド・ランス	1894年
イギリス	探検家	リトルデール夫妻	1895年
イギリス	軍人	ウェルビー大尉 マルコム中尉	1896年
イギリス	軍人	ディージー大尉	1896年
イギリス	探検家	ヘンリー・ランドー	1897年
ドイツ	宣教師	リンハルト夫妻	1898年
スウェーデン	探検家	ヘディン	1899-1902年
ロシア	軍人	コズロフ大尉	1901年

こうまでして彼らがラサを目指した理由は、そこに到達することが多くの名誉を約束したからに他ならない。目的地に着けなかった探検の記録ですら、発売されれば例外なくベストセラーとなり、プルジェワルスキー（一八七九）、ロックヒル（一八九三）、バウアー（一八九四）、リトルデール（一八九六）、スヴェン・ヘディン（一八九八）、ディージー（一九〇〇）らは、そのチベット探検の成果によって王立地理学協会（RGS）のゴールド・メダルを獲得している（人名の後の（　）内はゴールド・メダル受賞年）。このことはいかに当時、チベットが世界の

注目の的であったかをよく示していよう。

コナン・ドイルはこのような探検家の世紀にホームズ・シリーズを書いていたのである。そしてドイルは愛国者であった。彼の愛国者ぶりはブール戦争への従軍によく表れている。ドイルがホームズ・シリーズを休載していた間の一八九九年、イギリスは南アフリカでブール人たちを相手に資源獲得戦争を始めた。その戦争の大義をめぐってはイギリス国内でも疑義が呈され、ドイルの母ですらこの戦争への従軍に反対していた（ドイルはマザー・コンプレックスで有名である）。しかし、コナン・ドイルはこの戦争の意義を説いたパンフレットを自腹を切って作り、率先して戦地に赴き、帰国後はその労によってナイト号を授与されている。

ドイルの祖国イギリスに対するこのような献身を見るとき、彼がホームズをチベットに送った理由も自ずと明らかになろう。

コナン・ドイルは小説の中であっても、ラサをめざす各国参加のレースにおいて母国イギリスを勝者とさせたかったのだ。ホームズがチベットに滞在していたという一八九〇―九三年はまさにラサをめぐるレースが最も加熱していた時期であった。これらの探検家たちのうち、イギリス人のバウアー大尉がこの地域の諜報活動を行っていたことからも分かるように、イギリスにとってのラサ一番乗りは、欧米人として初めて神秘の都を目にするという栄誉ばかりか、この地域を挟んで対峙するロシアとの関係において情報戦において有利に立つという意味もあった。ちなみに、シャーロキアンたちによると、ホームズの兄のマイクロフトはただの公務員ではなく諜報活動に従事していたとのことなので、当時の読者の中にはホームズは兄の命を受けて諜報活動のためにチベットに入ったとイメージする者もいたであろう。

ホームズがチベットが鎖国していたこの時期にラサへの潜入に成功したことは、ホームズがチベットの地方官の目を欺く並外れた変装技術を持っていたこと、険しいヒマラヤを越える探検家としての資質を有していたことを読者に印象づける効果も生んだであろう。

歴史小説家を目指していたことからも想像がつくように、ドイルは自分の書く作品の中に登場するロンドンの街角、事件の舞台となった場所、作中に現れる絵画などの小道具は現実世界そのままに描き込み、架空であるべき登場人物についても現実世界にモデルを設定していた。そこでホームズがチベット入りする際に偽装したノルウェー人のシゲルソンという探検家のモデルについて考えてみると、それは多くの人が指摘するように、スウェーデン人のスヴェン・ヘディンであると思われる。その推測の根拠としては、シゲルソンもヘディンも北欧系であること、何よりヘディンはドイルがホームズを行方不明とした期間にちょうどチベットに潜入していたことがあげられる。

現実世界においてもラサをゴールとするレースの勝者となったのはイギリスであった。一九〇四年の八月、イギリスのヤングハズバンド隊はラサに軍事侵攻して、ラサの神秘のヴェールをひきはがしたのである。つまり、コナン・ドイルが「空家の冒険」を発表した一九〇三年は、ラサが神秘の都であった最後の年であった。実在世界におけるラサ一番乗りにも祖国イギリスが勝利したことに、愛国者コナン・ドイルはさぞ安堵したことであろう。

❖スピリチュアリズムの聖地

ドイルがホームズをチベットに送った理由は、ドイルのスピリチュアリストとしての側面も作用している。

ホームズが滝に落ちた一八九三年は、ドイルにとっては父と妻を相次いで失った悲しい年であった。そのためドイルは、死後の世界、魂の領域に強く惹かれ、この年にスピリチュアル研究会に入会している。ドイルのスピリチュアルなものに対する興味は生涯続き、後には霊媒ジーン・レッキーと再婚し、一九一九年にはスピリチュアリズムへの改心を公式に表明して、晩年はその普及に力を尽くした。

当時のイギリス社交界においてはスピリチュアリズムが全盛であったため、ドイルのこのような生き方は特段珍しいことではなかった。では、神秘主義者はチベットをどのように見ていたのだろうか。

十九世紀後半、ロシア移民のブラヴァツキー夫人（Helena Blavatsky）［一八三一—九一］を指導者と仰ぐ神智学が欧米世界において一世を風靡していた。ブラヴァツキーは一八八八年に発表した『秘密教義』（*Secret Doctrine*）の中で東西の神秘思想には共通の要素があり、両者はともに古代に共通の源泉を有していること、その古代の智慧は今もチベットに保存されていることなどを説いた。夫人はこの書をチベットに住むアーリア人の高僧クートフーミーやモリヤ大師たちのテレパシーを受けて記したと述べたことから、神智学が世界に広がるにつれて、チベットは太古の昔よりの人類の叡智が保存される神秘の地というイメージがまといつくこととなった。

ブラヴァツキー夫人（1831－91年）
出典：『Dream World Tibet』Weatherhill、2004年

神智主義者たちが主張する、ブラヴァツキー夫人のチベット第二の都シガツェでの滞在経験には証拠がなく、彼女に啓示を授けていたアーリア人の高僧たちがチベットのシガツェに住んでいたという証拠もさらになく、『秘密教義』の内容がチベット仏教の聖典を理解した人物の書くようなものではないことから、ブラヴァツキー夫人が説く「チベット的なもの」は夫人の思考の産物であり、伝統的なチベット仏教とは関係するものではない。

しかし、ブラヴァツキーの思想を奉じる神智学の徒は欧米の社会を圧倒していった。その社会的影響力がどれほどのものであったかは、インド独立の父マハトマ・ガンディー［一八六九―一九四八］の自伝からも見て取れる。ガンディーと聞いて人々が思い浮かべるのは、ルンギー（インドの伝統的な男性の衣装）を身にまとった半裸の姿であろうが、彼は最初からあのスタイルをしていたわけではない。

一八八八年に、ガンディーは司法の資格を取るためにロンドンに留学していた。この頃、ガンディーはフロックコートをあつらえ、バイオリンや社交ダンスを身につけようとする、イギリス紳士に同化することをひたすら目指す平均的なインド青年であった。ガンディーはある日、知り合いに誘われてロンドンのブラヴァツキー・ロッジを訪れ、価値観が一変する体験をすることとなる。

私はイギリス滞在二年目の終わりになって、二人の神智論者にめぐりあった。二人は兄弟で、二人とも未婚だった。彼等は私に、『バガバット＝ギーター』について教えてくれた。彼等はサー・エドウィン・アーノルドによるギーターの英訳『天来の歌』を輪読していた。彼等は一緒に原典を読もうと私を誘った。私は尻込みした。私はサンスクリット語にしろ、グジャラート語にしろ一度も読んでいなかったからである。……その兄弟はまた、エドウィン・アーノルドの著した『アジアの光』（釈尊伝）をすすめた。……私は巻をおくことができなかった。彼等はまた私をブラヴァツキー＝ロッジへ連れて行った。そして私をマダム＝ブラヴァツキーとアニー＝ベサント夫人に引き合わせた。……わたしの若い心はギーターや『アジアの光』の教えと〔イエスの〕「山上の垂訓」の教えを一つに結び合わせようと試みた。自己放棄こそわたしには最も強く訴えるものをもった最高の形式であった（蠟山芳郎訳『ガンディー自伝』）。

こうしてガンディーは宗主国イギリスの都ロンドンにおいてインド文化の価値に目覚めたのである。以後ガンディーは『バガバット＝ギーター』を座右の書とし、南アフリカで非暴力運動を指揮してインド人の地位向上に努め、インドに帰国の後はインドの独立運動を率いたのである。

ホームズがチベットに足を踏み入れたとされる一八九〇年代初期は、ダライ・ラマ十三世〔一八七六―一九三三〕の在位期間であったため、ホームズが出会った「ラマの長」とは、幼き日のダライ・ラマ十三世を暗示している。この件を読んだ読者は当時のイギリスにおけるスピリチュアリズムの全盛とも鑑みて、ホームズが神秘の国チベットでダライ・ラマ十三世からスピリチュアルな奥義を授かったと解釈したことであろう。

❖ホームズの臨死体験の物語

ホームズの三年の失踪期間は多くの人の想像をかき立てるものであったため、この「大空白期」をテーマにしたパスティーシュは数多く記されてきた。しかし、その大半は西洋人の手になるものであるため、チベットに関する事象は不正確であったり極端に荒唐無稽であったりして、チベット・マニアの眼鏡にかなうものでも、また、歴史小説家として現実世界を細部まで尊重したコナン・ドイルの精神に合致するものでもなかった。しかし、二〇〇三年、ついに正真正銘のチベット人の手になるホームズのパスティーシュ『シャーロック・ホームズ・マンダラ』〔邦題『シャーロック・ホームズの失われた冒険』〕が発表されたのである。

著者のジャムヤン・ノルブはチベット青年会議派の著名な構成員であり、チベットを支配する中国政府に対して歯に衣着せぬ発言で知られる人物である。ジャムヤンはホームズ・シリーズと『少年キム』を幼少の頃より愛読していたため、『シャーロック・ホームズ・マンダラ』はホームズのパスティーシュであると同時に、『少年キム』のパスティーシュでもある。このミステリーはホームズ・シリーズの世界観に忠実であり、その見所は、あらすじの面白さもさることながら、作中に転生、シャンバラ、埋蔵教説など、チベット文化を語る上で欠かせない要素がふんだんに取り入れられていることである。

本書の内容は以下のようなものである。

『シャーロック・ホームズの失われた冒険』河出書房新社、2004年

『The Mandala of Sherlock Holmes: The Missing Years』John Murray Publishers Ltd 2000年

ホームズは、ライヘンバッハの滝から、モリアーティの手下であるモラン大佐に追われながらインドの東海岸に上陸し、ヒマラヤの裾野にあるシムラの街に到達する。シムラは植民地時代にイギリス人が避暑のために築いた丘の上の町（ヒル・タウン）の中でも代表的なものであり、大英帝国のインドの夏の都として機能していた。ホームズはここで何らかの情報を得て、当時西洋人にとっては閉ざされた未知の国であったチベットに潜入する。パンディットたちの助けを得ながらホームズはチベットの都ラサに向かった。

ラダックの商人に変装したホームズは、一八九二年五月十七日にラサに到着した。ホームズは極秘裏にチベット入りしたにもかかわらず、見透かしたかのようにダライ・ラマ法王の夏の離宮ノルブリンカから呼び出しがかかる。離宮に出向くとダライ・ラマ法王の側近ユンテン師が現れ、歴代ダライ・ラマが三代にわたり政治の長に即位する前に夭折していること、政治の長への就任を目前にした現ダライ・ラマ十三世も中国に命を狙われていることを話し、ホームズに対して中国の陰謀からダライ・ラマ十三世の命を守るように、と依頼する。

その夜、ホームズはある予感にせき立てられてダライ・ラマ十三世の寝所に向かう。すると、十三世の部屋に侵入者がおり、男は十三世の仏壇から一枚のタンカ（軸装された仏画）を盗み出しラサの中国大使館に逃げ込んだ。盗まれたタンカはダライ・ラマ一世の時代に描かれた『カー

カーラチャクラ・マンダラ
出典：『Kalachakra』Namgyal monastery、Tibet Doman、Rome、1999年、p.67

ラチャクラ』のマンダラであり、その裏には十七行の韻文が記されていた。そして、この騒ぎの中でホームズはまだ少年のダライ・ラマ十三世と初対面する。

ホームズはベンガル人パンディットのハリー（『少年キム』の登場人物を名前もキャラクターもそのままに登場させている）と共にマンダラを取り戻すべく中国大使館に忍び込み、マンダラを盗んだ「謎の男」を見つけるが、その男はなんとモリアーティであった。

実はモリアーティはダライ・ラマ十二世の時代にチベットの二大学僧のうちの一人であったのだが、清朝の大臣に唆されてダライ・ラマ十二世を暗殺し、中国大使館の計らいで脱獄し、イギリスで「犯罪界のナポレオン」モリアーティとして君臨していたのである。

ホームズとモリアーティは今度はラサの北方にある「氷の寺」で対峙する。氷の寺とはダライ・ラマ十三世が政治の長に即位する前に隠遁修行を行わねばならない地であり、盗まれたマンダラの裏に記された韻文はこの寺の中にある「世界を支配できる秘密の在処」を指し示していた。

クライマックスの対決シーンで、モリアーティに押され気味のホームズに対して、ダライ・ラマの側近のユンテン師は、ホームズもモリアーティ同様、チベットの高僧の意識を受け継ぐ者であること、その高僧とは、ダライ・ラマ十二世の殺された晩に彼を守って死んだカンサル・トゥルクであることを告げる。つまり、モリアーティはダライ・ラマの暗殺者であり、ホームズはダライ・ラマを護った殉教者であると言うのだ。この勝負はハリーの犠牲によってホームズすなわち、カンサル・トゥルクの勝利に終わり、ダライ・ラマ十三世の即位によって大団円を迎える。

以上のジャムヤン・ノルブの小説の設定を現実のチベットとすりあわせてみると、ダライ・ラマが即位の前に隠遁修行をするという「氷の寺」はおそらくは、ラサの東南のペルテンラモ女尊の湖「ラモイラツォ」(lha mo'i bla mtsho)とその側に建つ僧院チューコルゲル(chos 'khor rgyal)をモデルにしたものであろう。また、モリアーティが氷の寺で手に入れようとした「力の石」のイメージは、ロシアの神秘学者ルーリッヒ(Nicholas Roerich)[一八七四―一九四七]が『シャンバラ』の中で語った全ての願いをかなえる宝石、チンダマニ(如意宝珠)に由来するものであろう。

「ラモイラツォ」ラサの東南、ペルテンラモ女尊の湖

『シャーロック・ホームズ・マンダラ』においては、中国に関連した人や事象は徹底して悪玉に描かれ、ホームズに代表されるイギリスとハリーの故郷インドは善

玉に描かれているが、ホームズがチベットに潜入したという十九世紀末において、チベット人が中国とイギリスに持っていたイメージはむしろ逆である。当時チベット政府が白人の探検隊を次々と退けていたことが示すように、チベットのイギリスに対するイメージは決して良いものではなく、むしろ、中国（清朝）とチベットの関係のほうが比較的良好であった。

にもかかわらず、ジャムヤン・ノルブが、イギリスとインドを善玉に、中国を悪玉に描いた理由は、他でもなく彼が二十一世紀のチベット人、それも青年会議派のメンバーであることが影響している。

一九五〇年、中国は中華思想と融合した社会主義思想によってチベットを占領下に置いた。ダライ・ラマ十四世は数年の間はチベット人と中国政府の間に立って何とか共存の道を探ろうとしたものの、自らを護るために蜂起したチベット人たちを中国軍の砲火にさらさないために一九五九年にインドへの亡命を余儀なくされた。その後、難民となったチベット人たちは世界中にちらばり、現在に至るまで亡国の苦しみを舐め尽くしている。

本書の著者ジャムヤン・ノルブも、このようなチベット難民の一人であり、加えて彼はムスタンにおいてゲリラ作戦にも加わったチベット人の中でも特に血の気の多いタイプである。このような彼だからこそ、イギリス人ホームズとインド人ハリーが協力して中国の脅威からチベットの法王ダライ・ラマ十三世を護る、という構図を作ったのであろう。

『シャーロック・ホームズ・マンダラ』を鑑賞する際にもう一つ注意すべき点は、ホームズの世界観がそっくりチベットの輪廻思想の中に包み込まれて、構造的にチベットの歴史の一部になっていることである。チベットという国は今は国すら失ってしまったが、今もなお伝統的な社会を維持し、根本的には欧米の価値観には一切迎合していない。亡命という亡国の悲劇すら、布教のチャンスに変えてしまうチベット文化の包括的な性格は、探偵文学の白眉ホームズ・シリーズまで、チベット史の中に包み込んでしまうのである。チベット人の記したこの小説からはそのようなチベット文化の特徴もよく見て取れる。

ホームズがライヘンバッハの滝で「死んで」、再びロンドンに「現れる」までの三年間は、生と死の狭間にいた臨死の期間とも言える。そのような期間を彼が過ごすのに神秘の国チベットよりふさわしい場所は他にないであろう。

チベットから帰還した後、ホームズはコカインの吸引をやめる。これは、本物の行者は麻薬の力を借りずにただ瞑想によって深い精神統一ができることを想起させる。ホームズはチベットで得た臨死体験によってパワーアップし、もはやコカインの力を借りずとも脳細胞を動かせるようになったのであろう。

第三章

シャングリラ伝説の始まり――『失われた地平線』

「シャングリラ」は欧米がチベットに重ねたオリエンタル・イメージの中でも最も広く周知されたものと言って良いだろう。この言葉はイギリスの作家ジェームズ＝ヒルトンが一九三三年に発表した小説『失われた地平線』（*Lost Horizon*）の中に描かれる不老の人々が住む理想郷の名である。

シャングリラは「エベレストよりも高い山」の麓にある深い谷――現地の言葉ではカラカル、英語に直せばブルー・ムーンの谷――の斜面に建てられたラマ僧院の名である。シャングリラの中には破壊の嵐の吹き荒れる世界から文化を守り抜くために、西洋・東洋の文化の精髄が蒐集されている。時折迷い込んでくるチベット人やモンゴル人、近辺で遭難した欧米の探検隊の生き残りがこの地の住人を構成しており、彼らはみな欲望や怒りをほとんど表すことなく、不思議なことに加齢がゆるやかである。

『失われた地平線』が世に出た頃、ヒルトンはいまだ有名とは言えない作家であった。しかし、一九三三年の暮に発表した『チップス先生さようなら』のヒットによって一躍有名作家の仲間入りをした結果、それ以前に出されていた『失われた地平線』も売れ始め、二版目の一九三六年にミリオンセラーとなった。翌一九三七年には本作品はロナルド＝コールマンを主演として映画化され、シャングリラのセットはアカデミー美術賞を獲得した。

『LOST HORIZON』Pocket; Reissue版、1947年

アメリカ大統領ローズヴェルトは愛読書『失われた地平線』にちなんで、第二次世界大戦中の一九四二年に建てた大統領の秘密の別荘キャンプ・デーヴィッド（Camp David）をシャングリラと名付けた。この別荘は防衛上の理由から地図に記されなかった

こと、ファシストとの戦いを行う秘密基地という性格が秘密の理想郷シャングリラと共通性を感じさせたからであろう。このように多くの人がシャングリラを「俗世から隔絶した楽園」の符丁として用いた結果、今やシャングリラはヒルトンの小説を飛び出して「楽園」そのものを意味する普通名詞となっている。

夢のようなシャングリラの設定は小説が発表された当時の暗い世相とは全く裏腹のものであった。『失われた地平線』が発表された一九三三年は、世界大恐慌の直後であり、かつ第二次世界大戦の直前という、「終わりの始まり」とも言える不穏な予兆に満ちた時代であった。人々が異次元のごとき美しい谷の物語に魅せられたのは現実逃避の意味合いも多分にあったのであろう。

『失われた地平線』は、冒険小説として読んでも問題なく面白いが、物欲のみを暴走させて自らの首を絞めていく現代文明への批判として読むと、よりいっそう味わい深い。二十一世紀を迎え我々の文明は再びヒルトンの時代と同じように経済も国際関係も行き詰まりつつある。『失われた地平線』は現代の読者にも進むべき道を示してくれるであろう。

それでは物語を繙いてみよう。

❖ヒルトンのシャングリラ

物語は革命の勃発した中央アジアの架空の都市バスクールから始まる。バスクール駐在のイギリス人の領事コンウェイは、領事館に保護したイギリス人たちを革命軍の暴徒から護るべく順次飛行機に乗せて脱出させて最後の飛行機に乗り込んだ。しかし、コンウェイ一行を乗せた飛行機は謎のアジア人にハイジャックされチベットの奥地に向かう。飛行機はとある山中の雪原に着陸し、その衝撃でハイジャック犯は死んでしまう。自分たちがどこにいるのかも分からない絶望的な状況の中で、コンウェイたちの前にシャングリラというラマ僧院から来た謎の一団が現れる。

ラマ僧院の建つブルー・ムーンの谷は美しかった。人々の性質はみな穏やかで、思いやりをもって生きており、争いもなく、欲望からも自由であった。みなそれぞれの仕事に精を出しているのだが、かといって別に齷齪《あくせく》している様子でもなく、コンウェイは「全くこんなに楽しそうな社会集団はかつて見たことがない」と思ったほどだった。脚色がなされた映画版では、一行の中にいた死病に冒されている女性がブルー・ムーンの谷に着くとみるみる健康になり、日に日に美しくなっていく姿が描かれている。

一カ月ほどたった頃、コンウェイのもとにシャングリラを統治する高位のラマ僧との謁見許可がおりた。高僧はコンウェイに谷の由来をこのように語り始めた。

「一七一九年にルクセンブルク生まれのカプチン派の神父ペローがこの谷に迷い込んだ。ペローはこの谷において西洋と東洋の思想を融合させた中庸の哲学を獲得し、大僧院シャングリラを築き、一〇八歳に至った時に死の床についた。しかし、臨死体験の中で恐ろしい未来のヴィジョンを見てヨーガの力によって蘇った。そのヴィジョンとは、この世界が機械で武装した粗暴な大君主によって支配され、叡智によってではなく欲情によって覆い尽くされるというものであった。神父は来るべき破滅の世において文化や芸術が滅びないように、その戦火が及ばないであろうこのブルー・ムーンの谷に、西洋・東洋両文明の最も良きものを集めようと決意したのである。

谷は豊富な金を算出するため、その金によってシャングリラには世界中から西洋と東洋の思想書や美術や文化の精髄が集められ、シャングリラの図書館には哲学書や貴重書が並び、青磁が飾られ、音楽室ではショパンが奏でられることとなった。

ここに住む人々は道に迷って偶然辿り着いた人、あるいは、瀕死の状態で村人たちに連れて来られた人々などによって構成され、民族的にはチベット人、中国人、満洲人、それからヨーロッパの探検隊の生き残りなど様々であり、民族間の混血も進んでいるようである」

完成された人格者たちの国、というシャングリラのイメージはチベット・イメージそのものであるため、シャングリラがチベットをモデルにしていることはすぐに知れよう。そして、この谷が豊富な金を産出するという設定は、ヘロドトス以来のチベットの黄金郷伝説をそのまま受け継いでいる。

ペロー神父が死から蘇る契機となったヴィジョンに登場する「粗暴な大君主」とは、ヒットラーを指すと思われる。なぜならヒルトンが小説を発表した一九三三年はヒットラーが首相に就任した年であり、世界は明らかに破滅に向かって進み始めていたからである。

つまり、ヒルトンはペロー神父の口を借りてまだ始まっていない第二次世界大戦の勃発を予言したのである。しかし、さしものヒルトンもいかなる外界の嵐よりも文明を守ることができるとしたシャングリラの孤絶が、中国共産党によって蹂躙されるという未来までは予想できなかった。

物語の世界に戻ろう。

やがてコンウェイはペロー神父の事績が十七世紀にこの谷を開いてよりずっと続いており、今に至るまで「死んだ」という話が出てこないことを不審に思う。そして、今目の前で自分に語りかけているこの高僧こそペロー神父その人であることに気づく。

❖チベットの隠れ里伝説

シャングリラは一作家がチベットを舞台にして一から構想した根も葉もない話ではない。ヒルトンはチベットにもともとあった隠れ里伝説に基づいてこのシャングリラを構想したのだ。チベット人のイメージする隠れ里とは、仏教徒を侵略者から隠し、資質の劣る者でもそこで修行するとめざましい成果が上がるという聖地である。その種類もインドで成立した『カーラチャクラ・タントラ』に記されるシャンバラ伝説から、チベットの埋蔵教説に記されるペーユル伝説に至るまで多彩である。これらの隠れ里にまつわるエピソードはフランスのチベット学者ジャック・バコー（Jack Bacot）やロシアの神秘学者ルーリッヒ（Nicholas Roerich）などによってヨーロッパに紹介されていたので、ヒルトンは彼らの著作を通じてチベットの隠れ里伝説を知り、それをモデルとしてシャングリラを作り上げたのであろう。

チベットの隠れ里伝説のうち、シャングリラの語源となったと思われるのが、『カーラチャクラ・タントラ』に説かれる仏教国シャンバラである。

十世紀に、インドにイスラーム教徒が侵入し、また、ヒンドゥー教が台頭する中、瀕死の状態にあったインド仏教界は断末魔の叫びのように一つの密教聖典（タントラ）『カーラチャクラ・タントラ』を世に送り出す。このタントラは釈尊がシャンバラの王に説いたものとされ、時間と空間のあり方や、肉体をヨーガ行によって「空の身体」（空色身）に変容させる具体的な修行法が隠語を用いて記されていた。そこには未来の予言も記されており、それは要約すると「イスラームがインドの仏教を滅ぼした後にも仏教はシャンバラの地において繁栄を続ける。そして、西暦二三二七年にあたる年にシャンバラのラウドラチャクリン王が即位し、異教徒の群を倒し、再び仏教をこの世に栄えさせる」というものである。

つまり、シャンバラとは仏教が滅びた後にも仏教徒が暮らしていくことのできるユートピアなのである。『カーラチャクラ・タントラ』において「空の身体」が説かれていることが暗示しているように、シャンバラはおそらくはこの肉体を持っては到達できない、この世のどこにも属さない領域である。シャングリラとシャンバラの音の相似と、両者とも文明の保存庫である、という共通性から、ヒルトンのシャングリラのモデルとなったものは『カーラチャクラ・タントラ』に説かれるシャンバラであることは間違いない。

ダライ・ラマ十四世は亡命してより後、最初はインドにおいて、次には世界中において、愛と非暴力を説きつつ、機会を得てはカーラチャクラの灌頂を授けてきた。ダライ・ラマが欧米で灌頂を行う際に多数あるタントラの中から『カーラチャクラ』を選ぶのは、『カーラチャクラ・タントラ』は受ける弟子の数にも資格にも制限がないからである。

通常、密教の瞑想修行において師は弟子をマン・ツー・マンで指導するために、一人の師があまり多くの弟子を持つことはできない。したがって密教修行の入門儀礼である灌頂儀礼も、弟子は二十五人までという参加に際しての人数制限がある。しかし、ことカーラチャクラの灌頂に関しては、参加者に人数の制限がなく、受ける人間の信教の内容すら問わない。このタントラがインドで仏教が滅びる瀬戸際に成立したため、人を選んでいられなかったという事情も影響しているのであろう。

二十世紀に入りチベット仏教が繁栄していた地、――ブリヤート、カルムキア、モンゴル、満洲、チベット――は全て社会主義を標榜する国家の支配下に入り、チベット仏教は壊滅的な打撃を受けた。現在チベット仏教が置かれている状況は、インドにおいて仏教が滅びかかっていた時代と似通っている。ダライ・ラマ十四世が世界中で『カーラチャクラ』の灌頂を授けているのは、この状況と無縁ではあるまい。

シャンバラを最初期に西欧に紹介したのはチベット学のパイオニアであるハンガリー人のチョーマ・ド・ケレス（Csoma de Körös）［一七八四―一八四二］であった。ケレスは一八三

三年「カーラチャクラの起源と原初仏の体系」という小論において、

シャンバラは北方にあり、その首都は緯度四十五―五十の間にあり、カラパという名の素晴らしい町であり、傑出したシャンバラの王たちの住まいがある。

とシャンバラとその首都の位置について記した。そして一九一五年にグリューンウェデル（Albert Grünwedel）はパンチェン・ラマ四世が記した『シャンバラへの道』というシャンバラへの道のりを示す書籍をチベット語からドイツ語に翻訳した。そして、ロシアの著名な芸術家ルーリッヒは『シャンバラ』（*Shambhala*）というアンソロジー本の中で、シャンバラについてチベット僧と交わした会話を「輝きを放つシャンバラ」（*Shambhala, The Resplendent*; 1928）と題して発表した。ヒルトンが一九三三年にシャングリラを生み出す前に、シャンバラ伝説はこのように様々な形で西洋世界に紹介されていたのである。

隠れ里（ベーユル）の伝説はインド仏教ばかりではなく、十三世紀以後にチベットで次々と「発掘」された「埋蔵教説」（gter ma）にも記されている。例えば、ラトナリンパ［一四〇三―七九］が「発掘」したパドマサンバヴァに帰せられる『カータンデガ』（*bka' thang sde lnga*）

には「教えをおく地もなくなれば、隠れ里に逃げなさい」とあり、サンゲリンパ［一三四〇—九六］が発掘した『ペマカータン』（*padma bka' thang*）にも、隠れ里として一つのリン（地域）、三つのジョン（国）の名前が列挙され、これらの地で修行をすれば、修行能力の劣るものでも、その能力の欠如を補う効果があることが説かれている。

これらの隠れ里が現実にチベットのどの地域を指すのかは定かではないが、「三つのジョン」のうちの一つ、チベットの南西境にあると言われるデモジョンは、現在のシッキム渓谷を指し、「一つのリン」にあたる東南境のペマリンはコンポ地方のペマコ（padma bkod）を指すと言われている。

このうちヒルトンのシャングリラのモデルとなった可能性の高い地はペマコである。ペマコとは、三方が深いツァンポ峡谷に囲まれ、中央にはナムチャバルワの高峰が聳え立つ人を寄せつけない孤絶した地形である。このペマコの地形はシャングリラの建つ谷が超高山の麓にあるという設定と符合する。

ペマコ地域は地図上に残された最後の空白地帯であったため、多くの探検家が今に至るまでアタックし続けている。一九一三年にはシッキムの政務官ベイリー大尉（Major Bailey）が調査に入り、続く一九二四年から一九二五年までの間に、植物採集家のキングドン・ウォード（Kingdon

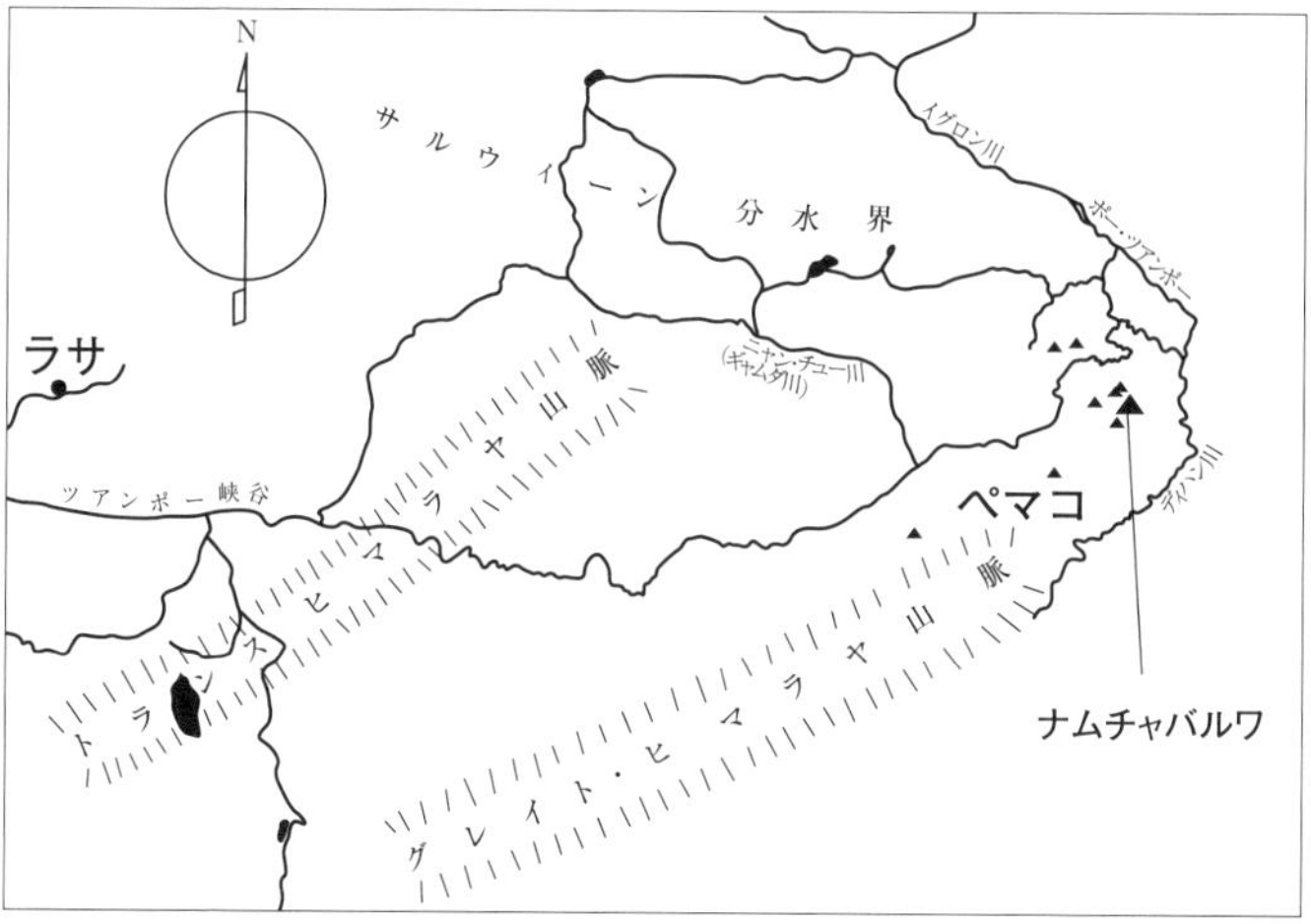

ペマコ地図
出典：『ツァンポー峡谷の謎』岩波文庫、2000年を参考に作成

Ward)［一八八五—五八］がこの地域において植物採集旅行をし、一九二六年に『ツァンポー峡谷の謎』を刊行した。

これらの探検記は、ツァンポ峡谷がその深度差によって熱帯から寒帯までの全ての動植物相が展開する美しい地であることを描き出しており、温帯から熱帯までの気候を包含し、多種多様な農作物が繁茂し、美しい高山植物が咲き乱れるというシャングリラの景観と非常に相通ずるものがある。つまり、ヒルトンの描くシャングリラの景観は同時代のペマコへの旅行者たちの記録に則って作り上げられたものと考えられる。

シャングリラの背後には「エベレストより高い山」カラカルが聳えるが、このカラカルのモデルはおそらくはアムニェ・マチン峰であろう。一九二二年、ジョージ・ペレイラ大将［一八六五―一九二三］がチベットを踏破中、周囲より一段高いアムニェ・マチンの高峰を目にし、いつしかこの峰は「エベレストよりも高い山」と噂されるようになった。一九二五年にこの周辺を踏査した植物学者のジョセフ・ロック（Joseph Francis Charles Rock）［一八八四―一九六二］がこの山の高さを八五〇〇メートルと雑誌「ナショナル・ジオグラフィック」に報告したが、正式な測量でなかったため、「アムニェ・マチンがエベレストより高い」という噂は消えなかった。

結局、アムニェ・マチンが正確に測量され、エベレストより低いことが確定したのは第二次世界大戦後であった。つまり、ヒルトンが『失われた地平線』を書いていた時代は、アムニェ・マチンは「エベレストより高い山である」との説はまだ健在だったと思われるので、カラカル峰のモデルはアムニェ・マチンでほぼ間違いない。

一九五九年の亡国の大混乱に際して、中国軍に追われたチベット人たちは埋蔵教説の記述に従ってシッキムやペマコに逃げた。しかし、多くの僧たちは、そこでは暮らしていけないことに気づき、インドやブータンへと逃れた。

❖ペロー神父のモデル

ペロー神父は一六八一年生まれで、一七一九年にチベットの都ラサを出立してブルー・ムーンの谷に迷い込み、コンウェイと出会った一九三〇年には二百九十三歳という長寿に至っていた。ペローがラサに滞在していたことになっている一七一九年前後には、現実世界ではカプチン派の修道士、イポリット・デジデリ（Ippolit Desideri）［一六八四―一七三三］がチベットに滞在していた。デジデリはキリストの教えを布教するために一七一二年にローマを出発し、一七一五年に西チベットのラダックの都レーに至り、一七一六年にはラサに到着したものの、一七一七年にモンゴル系のジュンガル部族がダライ・ラマ七世を即位させるためにラサを占領したため、布教という目的をほとんど果たさないまま一七二一年にチベットを離れた。

ペロー神父とデジデリはほぼ同時期にラサに滞在していること、同じカプチン派の宣教師であることから、ペロー神父の顕在的なモデルはデジデリと考えていいであろう。

デジデリは往路はポルトガル人のフレイレ神父とともにラサ入りしており、この神父がラダックからラサに来る途中遭難しかかったことがペロー神父が瀕死の状態でシャングリラに迷い込むという着想をヒルトンに与えたのかもしれない。ただし、言うまでもないことだが、デジデリは不死人ではない。約三百年にもわたって谷を治める不老の支配者のモデルは別に存在しなければならない。そして視点を変えれば、チベットには開国時から今に至るまで時を超えてチベットの人々を導いてきた賢者がいる。

十三世紀以後に多数編纂されたチベットの史書において、チベットの始まりはこのように記されている。

「太古の昔、人類が出現するはるか以前に、観音菩薩が赤い丘（マルポリ）の上に出現した。観音菩薩は「チベットの人々を幸せにしよう」と誓いを立て、チベット人の誕生を祝福し、人々に文化を教えた。そしてチベットの人々の精神が十分成熟してきたことを見てとると、心臓より一筋の光を放ち、その光はチベット王妃の胎に入った。誕生した男子は長じて後、ソンツェンガムポ王（srong btsan sgam po）となり、チベットを統一し、赤い丘の上に宮殿を建て、インドとネパールから仏教文化を導入した」

チベット開国の王ソンツェンガムポ王である。

ソンツェンガムポ王は十二の小さな地域に分かれていたチベットを統一し、ネパールと唐から妃を娶って、両国の仏教文化をチベットに導入した。その王国の威勢は日々増し、五代後のティソンデツェン王（khri srong lde btsan）［七五四―七九七］の時代には、安禄山の乱に乗じて、かの大唐帝国の都・長安を占領するまでになった。しかし、九世紀に入るとこの王朝は崩壊した。王朝崩壊後の混乱が鎮まると、チベット史は新たな局面を迎えた。イスラームに占領された瀕死のインド仏教界から多数の賢者や行者がチベットに亡命してきたため、チベット各地に本格的に仏の教えが根付き始めたのである。僧院はそれぞれの地域の名家を施主とし、世俗の王が僧院の長に仕えるという仏教国家チベットの枠組みが成立し始めた。

十六世紀に、一人のゲルク派の高僧がモンゴルに布教の旅に出た。その名はソナムギャムツォ（bsod nams rgya mtsho）［一五四三―八八］。彼は一五七八年にモンゴルの王侯アルタン＝ハンと青海で会合し、アルタン＝ハンはソナムギャムツォにダライ・ラマという称号を献じた。〝ダライ〟とは「海」という意味のモンゴル語であり、〝ラマ〟とはチベット語で「高僧」を意味する言葉である。ソナムギャムツォを意訳すると「福徳の海」となるので、この名前の一部を称号に組み込んだのであろう。モンゴルとチベットが出会う地で生まれたこの称号を、以後世界は何度も耳にすることとなる。

ダライ・ラマの座は転生によって継承されるため、理論上は同じ人間がその王座に就き続けていることになる。そのため、ダライ・ラマの名の下に次第に強い権力の場が醸成されていった。

そして、ソナムギャムツォ（ダライ・ラマ三世）から二代を経たダライ・ラマ五世の時代、チベットはついにダライ・ラマ政権の下に統一した。ダライ・ラマは一六四七年にソンツェンガムポ王ゆかりの聖なる赤い丘の上に宮殿を営み、その宮殿はポタラ宮と呼ばれた。ポタラとは「観音菩薩の聖地」を意味するサンスクリット語 potalaka（補陀洛）の音写であるため、ダライ・ラマ五世は太古にこの赤い丘の上に降り立った観音菩薩の化身として、また、ここに宮殿を営んだ開国の王ソンツェンガムポの生まれ変わりとしてチベットに君臨したのである。

つまり、十七世紀以後のチベット人にとって、チベットとは開国以来一貫して一つの聖性、すなわち、観音菩薩によって治められてきた国なのである。ここに来てシャングリラを治めるペロー神父のモデルが誰なのかが自ずと明らかになってこよう。三百年の時を超えて生き続けるペロー神父はダライ・ラマへのオマージュなのである。

そこで一つ疑問がわく。ヒルトンはなぜシャングリラの長をダライ・ラマを連想させる東洋人にせず、ペロー神父というヨーロッパの人間にしたのであろうか。また、ヒルトンはシャングリラの調度品をヨーロッパの高級品にすることによって西洋の物質文明を礼賛し、また、ペローの口を通じて白人種は不老の修行の達成成績が高いと礼賛するなど、概して白人礼賛に終始している。なぜヒルトンはチベットの中にわざわざ西欧文明を執拗に持ち込もうとするのであろうか。

「チベットに住む白人のラマ」のイメージはおそらくは神智学の祖ブラヴァツキーが「チベットに住むアーリア人のラマ」から古代の智慧を授かったというイメージの影響を受けたものと思われる。

西洋人がアーリア人のラマではなく、チベット人のラマから教えを受けるようになるのは、じつにダライ・ラマ十四世の亡命を待たねばならない。

❖コンウェイは誰なのか

最後にコンウェイのモデルが誰なのかを考えてみたい。

コンウェイは一言で言えば完璧なイギリス紳士であった。ハンサムで背が高く、スポーツマンで、ピアノもセミプロ級、ありとあらゆる賞をさらっていったので、オックスフォード時代には校長から「グローリアス・コンウェイ」（輝けるコンウェイ）と称えられていた。外交官になってからも、中国語やチベット語を流暢に操り、人種差別を憎む多才で魅力的な紳士であった。

ペロー神父は、コンウェイとの会見の最後に、自分はもう死ぬのでコンウェイに自分に代わってシャングリラを治めてはくれないか、と切り出した。ここに来て読者はコンウェイが乗った飛行機がハイジャックされたのはペロー神父がコンウェイをシャングリラに連れてくるための策謀であったことに気づく。そして、ペロー神父は以下のようにシャングリラの未来のヴィジョンを語ったあと、その長い生涯をコンウェイの目の前で閉じる。

あなたがその嵐を切り抜けて生き通されることを信じておりますよ。そしてその後にも、長い荒廃の時代を通じて、あなたは生き続け、齢とともに賢明に、忍耐強くなられることでしょう。……そうした異邦人たちのうちに、あなたの老後の後継者がおることでしょう。そのあたりから先については私の視界はかすんでおりますが、さらにはるか先の方に、廃墟の中に新しく息吹を始めている世界が見えておるのです（増野正衛訳『失われた地平線』）。

「来るべき荒廃に備えて、シャングリラが中庸の文明の保存庫となり、いずれ来るべき時に、この文明を地上に蘇らす」という筋書きはカーラチャクラのシャンバラ伝説と構造的には同じである。

ペロー神父の申し出とその死に衝撃を受けるコンウェイに対して、部下のマリンソンは高僧たちの言を否定し、コンウェイは騙されているのだ、と言いつのった。そして、シャングリラの住人である若い満洲娘と恋に落ちたので、彼女の手引きでシャングリラを脱出したい、脱出に力を貸してくれ、と頼みこむ。コンウェイはペロー亡き後のシャングリラに不安を覚えたものの、若い二人の未来を考えて二人の脱出に手を貸すことにする。

コンウェイは理想的なイギリス紳士である。常に冷静沈着で自分のためではなく他人のために身を挺して働く、典型的なノブレス・オブリージの実行者である。コンウェイが革命騒ぎのバスクールから同国人を無事に全員脱出させた後で最後の飛行機に乗ったのも、ペロー神父の言葉に惹かれながらもマリンソンと満洲娘の恋を成就させてやるためにシャングリラを出る決意をしたのも、「自己を犠牲にしても弱い者を護る」というイギリス紳士としての行動原理からであった。

ペロー神父がコンウェイに目をかけた理由はイギリス紳士として完璧だったという理由だけからではない。彼は同時に大英帝国の統治システムに対して懐疑的になり得る知性の持ち主でもあった。コンウェイはオックスフォード大学を卒業してすぐに第一次世界大戦に従軍し、その悲惨さを目の当たりにしたことによって西洋の文明の在り方に疑問を感じた。コンウェイが辺地中央アジアのしがない領事として生きていたのは、大英帝国内での出世を望まず、あえて出世の道を外れることを選択していたからである。

コンウェイの大英帝国に対する懐疑は作中でコンウェイが詐欺師バーナードに対して示した好意によく現れている。バーナードはコンウェイとともにシャングリラに連れてこられた一行の一人であったが、実は金融詐欺で国際手配されていた犯罪者であった。彼にとっては飛行機がハイジャックされて外界から隔絶したシャングリラに連れてこられたことは、もっけの幸いだったのである。これに気づいたマリンソンは大騒ぎをするが、コンウェイはそれを知ってもまだバーナードに好意を持っているのに気づく。

「ゲーム全体がめちゃくちゃになってしまったような時に何ができますか」というバーナードの開き直った発言に接してこう考える。

戦争をしたり大英帝国を建設したりする仕事、領事の業務や貿易利権の譲与、総督官邸での晩餐会……それらすべてにもあてはめられるのだった。そうした世界を次々に思い起こして見ると、何か溶解にともなう一抹の汚臭がただよっているように感じられ、バーナードの失敗にしても、あるいは自分の失敗を少しばかり大がかりに劇化したものでしかないのではあるまいか、とも思われるのだ。たしかに、ゲーム全体がめちゃくちゃになってしまっている……。

なぜなら、一億ドルという穴はあまりにも途方もなくて、その犯人を憎む気にもなれないではないか。……それはおそらくどこかの国の閣僚がふんぞり返って、「余はインドを与えられた」と宣言したりするのと、同じような意味でのことでしかあるまい（増野正衛訳『失われた地平線』）。

つまり、コンウェイはバーナードが人々から一億ドルという大金を奪ったように、大英帝国がインドをインド人から盗んだ、と辛辣に評しているのである。盗まれたものが小さければ人はすぐに気づくが、大きなものになればなるほど、人は見えなくなるものである。

コンウェイは、檻の中にいるのはいやだ、谷を出ようと主張し続けるマリンソンに対して、こう言う。

「この広い世の中には騒々しい社会を逃れてこういう所へこられるんだったら、全財産を投げ出してもいいと思っている奴がいっぱいいるんだよ。ところが、奴らはそこを出てくることはできないのだ。監禁されているのは我々なのだろうか、それとも奴らなんだろうか」（増野正衛訳『失われた地平線』）。

コンウェイは、シャングリラの住人は谷という閉じた空間にいながらも、心は自由闊達で静かで知的な生活を営んでいる、一方下界の住人は物欲に囚われて苦しみつつもそこから抜け出せないため、どちらが本当の囚人か、とコンウェイは我々に問うているのである。

「この世界は狂っている」、と考えるコンウェイの実感は、当時、インドの独立運動に接して自らを恥じる気持ちを持つようになったイギリスの知識人のそれを反映したものである。

『失われた地平線』が上梓した一九三三年はガンディーが最も華々しい成功を挙げていた時代であった。一九三〇年に行われた「塩の行進」において、ガンディーは海岸までの二百九十キロメートルを歩き通し、その間デモ隊の規模はふくれあがっていった。そして海岸に着くとみなで製塩を始め、イギリスの塩の専売に対して異議を唱えたのである。インドの警官は治安維持法を盾にとってこれらのインド人を殴り投獄したが、インド人たちは無抵抗であった。イギリスが自分たちの利権を守るために無抵抗のインドを食い物にしているという構図をこの逮捕劇で象徴的に世界に示そうとしたからである。

そして当然のことながら、イギリスに対して世界中から非難の嵐が起き、ガンディーはインドの自治について話し合う会議（英印円卓会議）に招かれた。この時、チャプリンを始めとしたロンドンの市民は熱狂的にガンディーを迎えた。これを見ると、心あるイギリス人はもはや経済的な繁栄よりも、道徳的であることを選び始めていたことが分かる。ちなみに、ガンディーは会議の席上、老獪なイギリス政府にやりこめられ、帰国と同時に逮捕された。開明的な知識人に体制が追いつくのはいつの時代にも時間差がある。

コンウェイは、イギリス一国が経済的な繁栄を続けるためにインドを始めとする海外の国々を統治し続けることに抵抗を感じ始めていたイギリスの知識人を象徴した人物なのである。自分の行動が間違っていること、自分に利益をもたらしてくれる国の根幹に疑問を持つことは、幼稚な人格を持つ人には難しい。つまり、コンウェイは理想的なイギリス紳士であると同時に、自分の属する文明を批判的に見ることのできる極めて高度な知性を持つ人間だったのである。ペロー神父がコンウェイを後継者に選んだのは、コンウェイのこの自らに対しても厳しい知性を評価してのことであろう。

翻って現代という時代を考えると、コンウェイの時代の帝国主義が、資本主義に代わっただけで、構造的な状況は恐ろしいほど似通っていることに気づく。我々は豊かな生活を維持するために、欲望にまかせてグローバリズムを推し進め、人口を爆発させ、環境を破壊し、チープな粗悪品を大量生産、大量消費し、金融はゲーム化し、しかも、このシステムは明らかに変調をきたしだしている。このような状況の下、先進各国の心ある人たちはコンウェイのように、純粋に出世を楽しむことも、明るい未来を描くこともできなくなってきている。このような不安な人々の心に、「自らの求めすぎる心こそが不安の根源である」と指摘するチベット仏教の教えは、正論として響く。そのため、チベットは国を失ったにもかかわらず、この半世紀ますますその存在感を増してきたのである。ダライ・ラマは今やチベットの最高権威者にとどまらず、世界中の人々に敬われ愛される存在となっている。

ここまできて気づかれた方も多いだろう。『失われた地平線』の主人公コンウェイは、最も深い意味では現在の我々自身なのである。そして、地図にない理想郷シャングリラは今は地図からなくなってしまった、古きよきチベット社会そのものなのである。

物語の結末部分はとてもドラマチックである。

コンウェイとマリンソンが谷を出るや、満洲娘は九十近い老婆となってしまい、マリンソンは気が触れてしまう。ただ一人生き残ったコンウェイも重慶で発見された時には記憶を失っていた。しかし、彼の話す綺麗な英語から、かつてのオックスフォード仲間の一人ラザフォードに見つけられ、アメリカ行きの船に乗せられる。

船上でのある晩、コンウェイは突然ピアノの前に座り素晴らしい曲を弾き始めた。「誰の曲か」と聞くと、コンウェイは「ショパンの曲だ」と答え、ピアニストが「自分はショパンを全部知っているが、こんな曲はない」と言うと、コンウェイは「そんなはずはない、自分はショパンの直弟子から聞いた」と言い、その瞬間に全てを思い出す。コンウェイはそれから二十四時間、ラザフォードにこれまでのいきさつを一気に話した後、忽然と姿を消す。

コンウェイはシャングリラに戻ったのである。

第四章

ヒッピーのバイブル——『チベットの死者の書』

現代人にとって死とは、生の最後に訪れるその先に何があるかも分からない暗黒のターミナルである。いよいよ死が訪れる段になると、名誉も地位も金も愛する家族もみなこの世に置いていかねばならない。人生の大半をそのようなものを得るために過ごしてきた人にとって死はさらに忌むべきものであろう。多かれ少なかれ現代人は生のみに心を向け、他人の死については語っても自分の死については考えることすらしない。

チベット人は違う。

生前の行いに応じて来世があると考えるチベット人にとって、死は生と生の間に挟まっている経過期間であり、この期間は非常に肯定的な意味を持つ。最低でも老いたり病んだりした体を捨てて新たなる再生の道に踏み出すことであり、瞑想修業をしたことがない人でも意識のより純粋な部分に触れることができるチャンスなのである。

チベット人にとって来世の善し悪しは生前の行為の結果によると思われている。そのため来世に善い生を受けるために善行に励み、悪行を慎む。チベット人はこのように普段から死を意識して行動しているため、死の時を迎えても取り乱すことはない。近代医学を受け入れ病院で死ぬことが多くなったチベット人も、不思議なことに死に際はじつに綺麗であり、長期間寝ついたりする例は少ない。このチベット人の死に対する姿勢を見ると、近代に入って我々が死の文化を等閑に付した結果、生自体をも醜いものにしていることがよく見えてくる。

チベット人の死生観によると、我々の意識は始まりのない昔から天・阿修羅・人・畜生・餓鬼・地獄、という六つの生存領域（六道輪廻）で無限の回数、輪廻転生を繰り返してきた。このいずれの領域に生まれても苦しみから逃れることはできず、地獄においては肉体的な苦しみを受け、餓鬼道においては飢えの苦しみを味わい、畜生道では役使の苦しみにのたうち、阿修羅道では嫉妬に身を焼かれ、一番楽な天界に生を受けても、死に際しては身体の色が衰え、体につけた花がしぼみ、衣に垢がつく、などの予兆が現われ、苦しみからは逃れることはできない。つまり、輪廻の本質は苦しみなのである。この苦しい輪廻に我々の意識を結びつけているのは何かと言えばそれは、我々の心の中にある欲望や怒りや無知などの悪しき性質（煩悩）なのである。

つまり、自分で自分を苦しめているのである。

一つの生が終わり次の生が六つの転生先のどこになるのか、その生の中でもどのような容姿、環境に生まれるのかも前世によって決まる。例えば、生き物の命を取ったり、盗みを働いたり、邪《よこしま》な性行為を行ったりなどすると、生き物の命を取った報いに今生は短命となり、盗みを働いた報いに貧困になり、邪な性行為の報いに不実なパートナーに苦しめられたりする。従って、チベット人は来世を常に意識し、特に、命を取る、盗みをする、邪な性行為を行う、嘘をつく、悪口を言う、二枚舌を使う、汚い言葉を使う、言葉を飾る、執着する、怒る、間違った哲学を持つ、という身体・言語・意識を通じて行う十の悪い行い（十不善業）を可能な限り避けようとする。

そして僧侶となるという幸運に恵まれた者は、修行に励んで自らを輪廻に縛りつけている欲望、怒りなどの意識の中にある悪い性質を消し、輪廻から脱出（解脱）しようとする。

一つの生が終わり、次の生に移行するまでの期間は、輪廻に自分を縛りつけている自我が肉体を失ってその力を弱めるため、熟練の瞑想者が修行を重ねて到達する覚りの境地に、誰もが容易に接することのできるチャンスが生まれる。そのため、死の直後から再生するまでの間に、意識をより高いレベルに引き上げるために何をなすべきかについて教える書物が、チベットではたくさん著されてきた。この種の著作が俗に『死者の書』と呼ばれるジャンルの本である。

カルマリンパの『死者の書』によると、死者が辿る道は以下のようなものである。

死の直後、死者は最も精妙な意識の顕れである根源的な光と出会う。この時もし意識がその根源的な光の中に入っていくことができるならば、仏の境地を得ることができる。

ああ、善き人よ。今こそあなたが道を求める時がきた。あなたの最後の息がでた直後に、あなたには最初の段階である「根源の光明」――前にあなたのラマが授けたものと同じもの――が現れるであろう。……ああ、善き人よ。今や死がここに訪れているのだ。だからあなたはこのように考えなくてはならない。私は死の時を迎えようとしているのだ。この死に臨んで愛する心・哀れむ心、無限の数いる他者のために完全なる覚りの境地を求める心を起こすように努めなさい。そして今こそすべての命あるものたちのために、死の光明を知り真理そのもの（法身）として覚るべきなのである（川崎信定訳『原典訳チベットの死者の書』）。

「死の光明」（シパ・パルド）の段階が過ぎると意識は「存在本来の姿」（チョエニ・パルド）

『チベットの死者の書』ちくま学芸文庫、1993年

という段階に入り、死者の意識には自分の死体や自分の葬式の様子、家族の嘆き悲しむ様などが見えるようになる。しかし死者が家族に話しかけようとしても肉体を失っているために、その思いは届かない。懊悩する死者の意識は続いて様々な幻影や音に脅かされる。最初の一週間はまず自分の意識の中の五つの側面が五体の優しい姿の仏（寂静尊）の姿となって一日ごとに現れる。そして、次の一週間には同じ意識の諸側面が今度は五体の怒れる仏（忿怒尊）の姿をとって現れる。そして二週間目の最終日には、地獄の王ヤマ（閻魔）が現れて死者の生前の行いに審判を下すのである。

そして最後の「再生」の段階に入ると、死者の意識はついに母胎を探す再生の旅に入る。この間『死者の書』はできるだけ良い条件の胎を探すようにと様々なアドヴァイスを行う。こうして死者は次の生へと移行するのである。

『死者の書』に描かれている仏たちのヴィジョンは西洋人に馴染みのないものであるため、なぜ本書が西洋人に人気を博すのかを理解できない人がいるかもしれない。しかし、『死者の書』をよく読んでみるとその疑問は氷解しよう。『死者の書』は随所で、死後に顕われる光やヴィジョン、それが仏であろうが何であろうが全て実体がないことを繰り返し説き、全て自分自身の意識が作り出した幻影であると戒める。つまり、ヴィジョンの一つ一つは囚われる必要のない重要性の低いものであり、より重要なものはそれらに惑わされずに到達されるべき意識の本質すなわち、光なのである。

❖エヴァンス・ベンツの『死者の書』

世界中で最も広く読まれた『死者の書』は、十四世紀にカルマリンパが発掘した『死者の書』である。それはこの書がアメリカ人エヴァンス・ベンツ（Evans Wentz）〔一八七八―一九六五〕によって一九二七年に『チベットの死者の書』（*Tibetan Books on the Dead*）の名の下に英訳されたからである。このベンツ本は精神世界や心理学に関わる多くの著名人に霊感を与え、現在に至るまで幾度となく世界的なムーブメントを巻き起こしてきた。

エヴァンス・ベンツ（右）とカジ・ダワサムドゥプ（左）

エヴァンス・ベンツはニュージャージーに生まれ、十代の頃から父親の書斎で神智学の創始者ブラヴァツキー夫人の著作に親しんでいた。一九〇一年にはカリフォルニアに移住して神智学協会のアメリカ支部に参加し、神智学の聖地であるチベットに憧れて、シッキムのカリンポン、ダージリン、ガントックなどを訪れた。

かつてシッキムはチベット仏教を奉じるチベット系の民族が主要な構成員である独立国であった。チベットからインド平原に向かう道は、シッキム経由が一番平坦であるため、シッキムはインド・チベット交易の中継地として栄えていた。しかし、十九世紀中頃にイギリスの保護国となり、インドが独立した後の一九七五年に完全に独立を失いインドの一部となった。「ダージリン」を紅茶のブランド名と思っている人も多いだろうが、この地名はこの地にあるチベット僧院ドルジェリン（金剛寺）に由来している。

ベンツはダージリンの市場でこの『死者の書』を手に入れ、ダージリンの英語教師にしてラマ僧であるカジ・ダワサムドゥプの助けによって英訳し、オックスフォード大学出版局から発行した。この書はまたたく間にベストセラーとなり、ベンツはさらにこの他にもチベット人の間で人気の高い二人の密教行者――ニンマ派の開祖パドマサンバヴァとカギュ派の大ヨーガ行者ミラレパ――の伝記をやはりチベット系の知識人の協力の下に訳出した。

ベンツによって世に出た『死者の書』は様々なジャンルの人々に霊感を与えてきた。

C・G・ユングは『死者の書』を初版の出版年から愛読しており、一九三五年にこの書のドイツ語版が発刊された際に序文を寄せている。その中で、「存在本来の姿」の段階で死者が体験する様々なヴィジョンはユング派の説く集合的無意識の存在を証明するものであるとし、西欧人は『死者の書』を仏教徒とは逆に、「再生」の瞬間から読み始め、最後の「死」の段階に遡って、自らの無意識を発見すべきことを説いた。

また、一九四八年版の『死者の書』に序文を寄せているラマ・ゴーヴィンダ（Lama Govinda）は、西洋におけるチベット仏教伝播に貢献した人物である。ゴーヴィンダは本名エルンスト・ロタル・ホフマン［一八九八―一九八五］というドイツ人であり、スイスのフライブルク大学時代に仏教に興味を持ち、一九二八年にはセイロンに渡り、これもまたドイツ人のテーラワーダの僧となったニャーナティローカ・マハーテーラについて仏教学と瞑想を学び、ゴー

ラマ・ゴーヴィンダ（1898－1985）

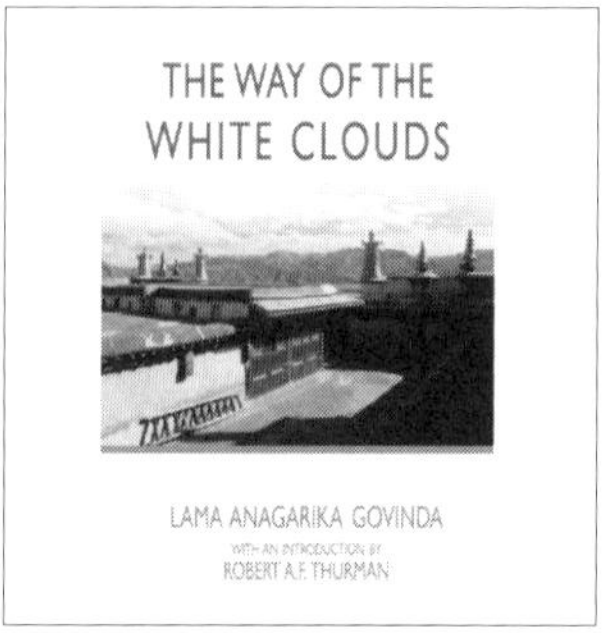

『*The Way of the White Clouds*』
Overlook TP (2006)

ヴィンダの名を授かった。一九三一年、ゴーヴィンダはやはりダージリンを訪れている間、ゲルク派の僧トモ・ゲシェ（gro mo dge bshes）と運命的な出会いをし、灌頂（密教の入門儀礼）を授かり、チベット仏教世界に足を踏み入れた。一九三二年には、西チベットにある「世界の中心にある山」カイラースを巡礼し、インドで教職を得ると仏教をプロモートする様々な組織を立ち上げ、一九四七年から翌年にかけて雑誌社の後援を受けて西チベットのグゲ王国の故地ツァパランやトディンを訪れた。これらの遺跡は後に中国に破壊されたため、この調査記録は貴重なものとなっている。

ゴーヴィンダのチベット仏教理解はあまり正確であったとは言えないものの、彼の著書である自伝的な書『白雲の彼方に』（*The Way of the White Clouds*, 1966）と『チベット密教の真理』（*Foundations of Tibetan Mysticism*, 1977）は、いずれも欧米において広く読まれ、一九六〇年代シッキムにあるゴーヴィンダの家はスピリチュアルな体験を求める人々のたまり場となった。余談であるが『白雲の彼方に』は中沢新一氏がチベット僧に興味を持ちネパールに渡る契機にもなった書である。

❖アメリカ人と『チベットの死者の書』

第二次世界大戦の後も『死者の書』の影響力は陰りを見せることはなかった。ヒッピーの教祖でありベトナム反戦運動のシンボルとなったハーバード大学教授ティモシー・レアリー（Timothy Leary）〔一九二〇―九六〕とリチャード・アルパート（Richard Alpert）〔九三一―　〕はLSD（当時は合法）の服用によって得られるサイケデリック体験を研究するうち、その服用中の八時間の体験が、死者の意識が「存在本来の姿」の段階で見る寂静尊や忿怒尊などのヴィジョンと類似していることに気づいた。

二人が『チベットの死者の書――サイケデリック・バージョン』（一九六三年）の中で記した『死者の書』とLSD体験との相似性とは以下のようなものである。

まず死の直後に、意識が根源的な光と出会う段階は、ＬＳＤを使用した場合の「エゴの喪失期間」（Period of Ego Loss）に当たり、この期間、服用者は現実を直接知覚し、自我が解放する様を体験できる。そして、二番目の「存在本来の姿」の段階に意識が入ることは、サイケデリック体験の「幻覚状態の期間」（Period of Hallucinations）に当たり、この期間は『死者の書』に説かれているように、意識に様々なヴィジョンが現れるので、それに囚われるのでも拒否するのでもなく、拡大した意識をコントロールしながら静かに座すべきであるとする。そして死者の意識が再生の旅に入る段階は、ＬＳＤの効力が切れて社会的な意識が戻ってくる「再突入の期間」（Period of Reentry）に当たる。

つまり、レアリーとアルパートは死の古典をドラッグ使用法のマニュアル本として書き換えたのである。のちに、二人は、ＬＳＤのような薬物の力を借りて得られる光の境地は仮のものであるとし、本物の光明体験を求めてインドに渡った。チベット語原典から『死者の書』を和訳した川崎信定氏は、一九六〇年代にコロンビア大学に留学した折、ヒッピーたちがこの『死者の書』を文字通り聖書のように扱っていたのを目撃している。

『死者の書』の爆発的な人気やゴーヴィンダの著書に触発されて、この時代、知的なアメリカの若者たちの中から、チベットの高僧に弟子として入門し、伝統的なスタイルで仏教を学ぼうとする者たちが出現した。アルパートがハーバード大学でＬＳＤの教祖となっていた一九六三年に、後にアメリカのチベット学をリードすることになる若き日のロバート・サーマン（Robert Thurman）［一九四一―　］とジェフリー・ホプキンス（Jeffrey Hopkins）［一九四〇―　］の二人も同大学に在籍していた。彼らはニューヨークから車で二時間のニュージャージーにカルムキア人チベット僧ゲシェ・ワンゲル（dge bshes dbang rgyal）［一九〇一―八三］を訪ね、彼の下でチベット仏教の中観哲学を学んだ。

あらゆる打撃を受けながらもその灰燼の中から不死鳥のように蘇り、新しい環境に根を下ろしていくゲシェ・ワンゲルの人生こそ、まさに近代チベット史の縮図であった。

ゲシェ・ワンゲルは二十世紀が始まった最初の年一九〇一年に黒海とカスピ海の間にあるカルムキアに生を受けた。カルムキア人は十七世紀に中央ユーラシアから移住してきたトルグートというチベット仏教を信仰するモンゴル系の民族集団であり、最盛期のアユキ・ハーンはダライ・ラマから「ダイチン・アユシ＝ハン」という称号を授かっていた。ダライ・ラマ十三世の時代にロシア地域の布教に当たっていたブリヤート僧ドルジエフはゲシェ・ワンゲルを見いだし、ワンゲルをチベットのデプン大僧院に留学させた（デプンは古よりモンゴル人の留学生の受け入れ先であった）。

ゲシェ・ワンゲルが学問を終えて故郷カルムキアに戻ろうとすると、ボリシェビキ革命が起き、故郷に帰ることはかなわなくなった。そこでゲシェは北京においてダライ・ラマ十三世との交友で知られるイギリス人高官サー・チャールズ・ベル（Sir Charles Bell）［一八七〇―一九四五］の通訳を務めるなどし、第二次世界大戦中はインドとチベットを往来していたが、一九五〇年に中国軍がチベットに侵攻すると完全にチベットを離れ、シッキムのカリンポンに移った。その後、一九五五年にニュージャージーのフリーウッド・エーカーに築かれていたカルムキア人の難民社会がラマを求めていたため、その招請に応じてアメリカに渡ったのである。

「ニューヨークにラマがいる」という話はアジア思想好きの青年たちの間にまたたく間に広まり、フリーウッド・エーカーのゲシェ・ワンゲルの元には毎週日曜日五十名以上の白人の若者たちが、川崎信定氏の言葉を借りると「随喜の表情を浮かべて」学んでいたという。

ロバート・サーマンとジェフリー・ホプキンスはそのような随喜した青年たちの一人であり、サーマンはやがてゲシェ・ワンゲルと共にインドに渡り、西洋人として初めて正式なチベット仏教僧として得度して中観哲学の研究を始めた。一九六四年、二十三歳のサーマンは二十九歳のダライ・ラマと初めて出会い、両者の交流はサーマンが還俗してハーバード大学に戻って学位を取り、コロンビア大学において中観哲学を教える教授となった今も、変わることなく続いている。

一方のジェフリー・ホプキンスもヴァージニア大学の教授となり、多くの仏教哲学者をチベットの僧院のカリキュラムに準じて育てあげた。彼の弟子の中でも熱心な者は、中観哲学の空理解である「全てのものは実体としては存在しない」という言葉をスタンプに刻んで、ありとあらゆるもの、大学の机、便器、はては自分の額にまで押していた。これは、「瞑想を通じて空を認識するに至った意識は瞑想から出たあとも、《全てのものは実体として存在しない》という印を押していく」というチベット仏教の言説を地でいくギャグであった。つまり、この学生は机も便器も自分もそれ自体の力で存在するものでなく我々の概念化する思考の中でのみ存在していることと、一切は実体がないことをリアルに表現しようとしたのである。ヨーロッパの仏教学が植民地時代の研究の伝統を引きずって、欧米人の教授の指導の下にアジアの言語で書かれたテクストを文献学によって訳注し、その内容に無関心であったこととは対照的に、アメリカ人は体当たりでチベット文化に飛び込んでチベット人の高僧を師と仰ぎ、チベットの伝統的な教授法の中で仏教の理論と実践を恐るべきスピードで体得していったのである。

❖臨死体験と『死者の書』

ヒッピー・ムーブメントが終わり、若者たちがスーツを着て社会に戻っていった後も、『死者の書』のブームは終わらなかった。

『死者の書』は一九七五年にチョギャム・トゥルンパ（chos kyi rgya mtsho drung pa）［一九三九―八七］とフランチェスカ・フリマントル（Francesca Fremantle）によって改めて翻訳し直されシャンバラ出版社から出された。チョギャム・トゥルンパはカギュ派の転生僧であり、一九五九年にインドに亡命し、一九六三年にはオックスフォード大学で学位を取得し、英米において最も早い時期に英語でチベット密教についての講義を始めたことから、一九七〇年代初期には多数の西洋人の弟子を擁して一時代を画していた。本書は西洋人の弟子たちの理解しやすいようにトランスパーソナル心理学の用語体系を用いて翻訳されている点が特徴的である。

さらに、欧米を中心にニンマ派の教えを伝えているソギャル・リンポチェ（bsod rgyal rin po che）［一九五〇―　］が一九九二年に『チベットの生と死の書』（*The Tibetan Book of Living and Dying*）を出版し、三十万部以上を売り上げた。この本はソギャル・リンポチェが見聞きしてきたチベットの高僧たちの死の有様を中心に、ミラレパやパドマサンバヴァやダライ・ラマなどのインドやチベットの高僧の言葉の中から、死に対する心構えや教えなどを引用しつつチベットにおける死の文化を示したものである。

ソギャル・リンポチェは西洋人の読者のためにその当時西洋社会で話題となっていた、生と死をテーマとした様々な著作、例えば、終末期において死を受け入れるまでの人間の心理を研究したキュブラー・ロス、前世を記憶する子供たちの事例を研究したイアン・スティーブンソン、一九七五年に記された臨死体験を研究したレイモンド・ムーディなどの著作を縦横に引用して、チベットの死と再生の知識が、西洋人が行った別のアプローチによっても確認されることを示した。

レイモンド・ムーディーも指摘するように、臨死体験と『死者の書』に記される死者の体験には数々の共通点がある。医学の発達によって、一度心肺停止になった人が蘇生し、死の世界にあった時の体験、いわゆる臨死体験（Near Death Experience）を聞き取ることが可能となった結果、臨死を体験した人が見るヴィジョンは、宗教、人種、性別、社会階層の差異にかかわらず共通性を持つことが分かってきた。このような臨死体験の例としては、死の苦しみがある瞬間になると楽になり、細い管の中を高速で上昇するような感覚を覚えるというトンネル体験、そしてその後に大いなる光の存在に出会い、その光は何かとても暖かい、自分の全てを分かって許してくれるようなものと感じる光明体験などがある。

このトンネル体験は、『死者の書』において死者の意識が中央脈管を上昇して頭頂の見えざる孔（ブラフマ孔）から抜け出ていく時の体験と同じであるし、光明体験も『死者の書』に説かれる存在の根源を表す光と通い合う。

このように臨死体験によって『死者の書』の一部が裏づけられたことにより、その先に述べられる死後の生、すなわち、転生という概念も西洋人の意識の中で真実性を帯び始めてきた。『チベットの死者の書』は西洋人の死生観をも劇的に変えたのである。

❖現代人の死

ゲシェ・ワンゲル師から「あなたにとって重要な書となる」と『死者の書』を手渡されたことを重く受け止めた弟子ロバート・サーマンは、一九九四年に『死者の書』の新たなる英訳『現代人のためのチベット死者の書』（*The Tibetan Book of the Dead*）を世に出した。サーマンはそれまでの翻訳者たちとは異なり、自らが身につけたチベットの仏教の瞑想修行（生起次第と究竟次第）の文脈の中でこの書を解釈した。また、輪廻転生に始まる仏教特有の概念についても比喩的な表現をとらず、西洋的な概念に置き換えたりもせず、全てチベット仏教の文脈で訳しあげた。

サーマンは輪廻を認めない現代人が、死後の意識が暗黒に飲まれると考え、再生について懐疑的であることについて「賛同者はたくさんいるが、証拠はほんのかけらほどもない。それでも繰り返し語られることで教条と化し、ますます強く信じられるようになってしまった」とし、

「人はよりよい明日を迎えるためにできる限りの準備をする。より充実した備えがあれば、幸せな眠りにつくことができる。同様に、より充実した備えがあれば、死の時を迎えても、よりゆったりとした心でいられるだろう」（鷲尾翠訳『現代人のためのチベット死者の書』）。

と死を前提とした上で生を生きるべきことを説いた。

現代人は人生の終末にさしかかると恐ろしい恐怖と不安にとらわれる。それは死を生と対立するものと捉え、死とは戦って、負けて、ぼろぼろになって諦めて受け入れるものと思っているからである。しかし、チベット人にとって死は生の一部であり、よりよい死を迎えるために、生きている間にでき得る限りエゴを鎮め、他者を思う生き方をし、死がいよいよ近づいてきたら、死

を暗黒の世界どころか光の世界であると捉えて、安らかに受け入れる。

　サーマン教授は「全てはただ心の中にあるだけのものだ、という本質的な感覚を持っている人なら、他人の利益のためには、疾走する貨物列車の前に立っても平然としていられるはずだ」と、他者のために人生を生きるものは、死を恐れずに生きていくことができることを説いた。現代人は自尊心を満たすために金銭や名誉やポストを求め、求めて得られないと消沈し、手にすれば失うまいとして消耗する。この自我こそが我々を苦しめ、死を恐るべきものに見せているのに。しかし、もしその金銭や名誉を得るための活動が自分以外の何かのためになされるならば、地位や金が自分の見栄のためにではなく、自分以外の何かのために求められるのであれば、同じように生活していても精神の在りようは全く違ったものになってくる。生は輝きを放ちはじめ、死も恐るべきものではなくなってくるのだ。

　畢竟、チベットの死の文化は死を説くことによって、生に対する姿勢を改めるように諭しているのである。

第2部

現代欧米社会とチベット仏教

「チベットを救うことは我々の社会を救うことなのです。チベットを救う時、我々は敵とも兄弟姉妹になれるという可能性を同時に救っているのです」

リチャード・ギア

第五章

伝統と先進のアイコン——ダライ・ラマ十四世

❖観音菩薩ダライ・ラマ

チベットは観音菩薩によって開かれた国である。チベット年代記に国の始まりはこう記されている。

「太古の昔、マルポリの丘に観音菩薩がおでましになった。チベットを国見して「この世界にある全ての命あるもの、特にチベットの全ての命あるものを輪廻から解脱させるまでは、自らは涅槃に入らない」との誓いを立てた。観音はインドからチベットに修行に来た菩薩の猿と先住民の女性を暗示する岩の精との結婚を祝福し、この二人の子孫がチベット人となった。観音はチベット人に文化を授け、その精神が仏教を理解できるまでに成熟したことを見て取るや光を放った。その光はチベット王妃の胎に入り、そこから生まれたのがチベット開国の王ソンツェンガムポ王［　―六四九］である」

その後チベットは、滅びゆくインド仏教界から多数の人材を受け入れて仏教国として発展した。チベット人はインド仏教のあらゆる学派の思想を分析・検討し、論理学、認識論、形而上学、意味論、修道論の体系を作り上げていった。やがて、サキャ派、カギュ派、ゲルク派などの宗派が誕生し、このうち最も成立の新しいゲルク派が体系的な教学によって次々と他宗派を圧倒し、十七世紀にはチベットの支配権を握った。

ゲルク派の高僧として転生を始めた歴代のダライ・ラマは、五世［一六一七―八二］の時代に至って、チベットの政教のトップの座に就き、一六四三年にマルポリの丘の上に宮殿を建て、観音の聖地を意味するポタラ（補陀洛）と名付けた。ダライ・ラマ五世は観音伝説の丘の上に宮殿を建てることにより、観音菩薩の化身として、またソンツェンガムポ王の再来としてチベットに君臨しようとしたのである。

十八世紀初頭にチベットを訪れたカプチン派の修道僧デジデリは、当時のチベットの政治情勢や人々の信仰について詳細な記録を残している。

観音は、自分が愛するチベット人たちに崇拝されたいからというより、必要なときにチベット人をいつでも喜んで助け、チベット王国内で信仰が決して揺らぐことのないようにするため、また、チベット人を徳行の道に導き、そうすることによってチベット人の永遠、かつ完全な至福を保証するために、チベットあるいは近隣の国々に途切れることなく一人の人間として生まれかわってきた、とチベット人はいう。……要するに、大ラマ（ダライ・ラマ）の観音菩薩はチベット王国の幸福のため、またチベット人の魂の救済のために自ら一人の人間になるのだ、とチベット人たちは信じている……既に述べたようにチベットの大ラマは第二（ラダック地域）、第三のチベット（ラサを中心とする地域）の人ばかりではなく、ネパール人、モンゴル人、中国人によっても認められ尊敬されている。そして彼らの首長、主、保護者、大司教とみなされている。彼は崇められ常人ではなく彼らの保護と利益のために転生してきた観音菩薩として供養されている。

彼は宗教的な事柄についてのみならず世俗的な事柄についても支配を行なっている。なぜならば全チベットの絶対的な君主であるからである（薬師義美訳『チベットの報告』）。

マルポリの丘の上に建つポタラ宮

つまり、チベット人にとってダライ・ラマはチベット人を哀れむが故に何度も転生を繰り返して戻ってきてくれる観音菩薩の化身であり、チベット人とは太古の昔からマルポリの丘に出現する観音菩薩を仰ぎ見ながら歴史を育んできた人々なのである。

デジデリは仏教を批判しなければならないキリスト教の宣教師という立場にあった。にもかかわらず、デジデリがダライ・ラマの人々への愛と、人々のダライ・ラマへの信仰を記す時、その筆致にはどこか敬意さえ感じられる。デジデリはラサのチベット人に直接接した最初の西洋知識人である。その彼がチベット仏教の研究にのめりこんでいく姿は、後に西洋の知識人が競ってチベット僧の教えに頭を垂れることになることと考え合わせると非常に興味深い。

❖世界を慈しむダライ・ラマ十四世

一九五〇年に中国軍が侵攻するまで、ダライ・ラマ十四世は、それまでのダライ・ラマと同じくチベットの政治と宗教のトップに君臨していた。一九五九年にインドに亡命を余儀なくされてから現在に至るまで、ダライ・ラマは世界中を飛び回ってチベット仏教を説き、チベット問題への理解を求め、資金を集めて難民社会を支え、中国共産党が破壊したチベット文化をインドで必死に維持してきた。

ダライ・ラマがこのように身を粉にしてチベット人のために働く姿を見て、国を失って寄る辺ないチベット人は当然のことながら昔ながらの観音菩薩の姿をダライ・ラマに重ねて、国があった頃よりも強く依存するようになっている。

そして、観音菩薩の誓いの前半部「全ての命あるものを覚りに導く」もダライ・ラマは忘れていなかった。ダライ・ラマ十四世は世界中の人々に仏法を説き始めたのである。

大人が悪さをしている子供に対して「そんなことをしていると自分に返ってくるよ」と諭すように、ダライ・ラマが侵略者たちに接する姿を見た時、西洋人たちは自分たちの文明では生み出すことがかなわなくなった完成された人格が、ダライ・ラマの中に具現しているのを見いだした。フランス人チベット僧であるマチウ・リカールの言葉を借りると、「過去の人であり、ひざまずくことが叶わないと思っていたアッシジの聖フランチェスコの姿を見た」のである。

ダライ・ラマはその非暴力に立脚したフリー・チベット運動が評価されて、先進各国の知識人たちの支持を受けた結果、一九八九年にノーベル平和賞を受賞した。この時オスロ大学で行ったノーベル・スピーチの最後においてダライ・ラマは一つの祈りを唱えて、自らの実存に観音菩薩の誓いが生きていることを人々に知らしめた。

空間が存在する限り
命あるものが存在する限り
私はこの地にとどまって
命あるものの苦しみを取り除こう

この一文はシャーンティ・デーヴァの記した『覚りへの道』(*Bodhicaryāvatāra*)の回向文の一節であり、チベット人が菩薩の誓いを新たにするために朝夕唱えるものである。

❖ダライ・ラマの三つの立場

ダライ・ラマは世界に語りかける時の自らの立場を、より普遍的なものから特殊なものまで三つに分けて説明している。

三つの立場のうち最も普遍的なものは「一人の人間として」の立場である。この立場からダライ・ラマは誰にでも分かる言葉を用いて、賞賛されるべき心の在り方、すなわち、他者を哀れむこと、許すこと、忍耐すること、自己陶冶などを人々に説いている。

二つ目は「一人の宗教者として」の立場である。この立場からは世界のあらゆる宗教に対して、人々の幸せに寄与するように求め、自宗教を真とし、他宗教を排斥するような行動をとらないようにと説く。

三つ目の最も特殊なものとしては「一チベット難民として」、すなわち、チベット難民のスポークスマンとしての立場である。この立場からダライ・ラマはチベット人が現在置かれている苦境、チベット文化の普遍的な価値などを国際社会に訴え、チベットに自由を取り戻すための非暴力の戦いを行っている。

日本のニュース番組などでは、この三番目の立場に立つダライ・ラマがよく取り上げられるため、多くはダライ・ラマを政治的な存在と捉えがちであるが、ダライ・ラマ十四世にとってこの立場はあくまで特殊なものにすぎない。「難民のスポークスマンとしての立場はチベットが自由になった瞬間に終わるが、一番目と二番目のアプローチは死ぬまで行う」と言っているように、一番と二番、特に一番のアプローチこそがダライ・ラマの本質なのである。

これら三つの立場はいずれも「人々がそれぞれのエゴを鎮めて自己を陶冶し、他者に対する寛容の精神を持ち、他者を慈しむことによって、目先の快楽ではない永続する幸せを獲得できる」という仏教思想のエッセンスを伝えることを通じて、一番目においてはあらゆる人々に「本当の意味で幸せになれる技術」を知らせること、二番目の立場からは、宗教の相違を理由とした紛争をやめさせることを、三つ目の立場はその仏教思想を生み出したチベット文化とチベット人を消滅の危機から救うことを目的としている。

①一人の人間として

第一の立場から、ダライ・ラマはあらゆる人に向けて、誰にでも理解が可能な普遍的な言葉を用いて「尊敬されるべき心の在り方」を身につけることの大切さを語り続けてきた。チベット仏教で培われてきた仏教哲学と瞑想の実践は、ダライ・ラマ十四世という稀代の語り手の口を通じて、何ら特殊な用語を介さずとも巧みに人々に伝えられた。それは以下のようなものである。

「あなたが感じている苦しみは、誰かのせいでもなく、外から持たされたものでもない。自分の中にある執着や怒りといった悪しき心の性質から生じているものである。このような心の性質は、我々の意識の中にある、あらゆる物事を概念化する意識（分別知）に根ざしている。人は概念化する意識に基づいて自ずと事物にレッテルを貼り、そのものが実体として存在しているかのように見てしまう。我々が概念化するものの中で最もやっかいなものは「自分」（我）という意識である。我々は「自分」というものを実体的に見てしまうことにより、自分、自分の家族、自分の会社、自分の国、自分の宗教、などと自分の延長にあるものに執着し、自分の延長にあるものと対立するものを憎悪し、心の安定を失っている。

しかし、何ものにも依存せずに存在するものなどこの世には何ひとつない。あらゆるものは部分は全体に、全体は部分に依存しており、それ自身の力で成り立ってはいない。また、あらゆるものは概念というものに依存して名前がつけられることによって「ある」ように見えているだけである。つまり、この世の中の全てのものは依存状態（縁起）にあるが故に実体はない（空）のである。もちろん、この「自分」というものにも本質や実体というべきものはない。

「自分」に実体がないのであれば、「自分」の延長線上にあるものに執着し、「自分」と対立するものを憎悪する必要もなくなる。そして、自分というものを解体し、自分以外の他の者を思いやることによって、苦しみは消え、永続する幸せを得ることができる。今や世の中の全てが相互依存の状態にあることを考えれば、「自分」を通すことがいかに破滅的な状況をもたらすかは明白であろう。自分の国さえ良ければいいという考えの下に他国を侵略すれば、戦争が起きて破滅に至るし、経済さえ良ければいいと公害を放置して自然を破壊すれば、いずれ地球上の生物は絶滅してしまう。「自分」を通して目先の快楽を手にしても、長い目で見ればそれは問題を起こし、破滅へ向かう道なのである。従って、人は自分の延長にあるものに対してのみ責任を持つのではなく、普遍・全体に対する責任感（Universal Responsibility）を持って行動せねばならない」

以上のようにダライ・ラマは述べたあと、「自分」を解体し、「他者」を思いやる心の状態を得るための具体的な方策についても実践可能な形で提示する。

例えば、他者を思う心を起こすためのテクニックの一つとして、このような瞑想がある。まず、自分が幸せを求め、苦しみを避けているように、他人も幸せを求め、苦しみを避けようと思っていることを理解する。そして、自分に幸福になる権利があると同時に、他の全ての者にもその権利があることを思う。そして、目の前の左手に自己中心的な自分を置き、右手に救いを求めている自分以外の全ての他者を並べて観想する。自分はその真ん中にいる第三者としてこの二つを傍観した時、どちらに対してより共感できるかを考えてみよう。自ずと捨てられるべきは利己的な自分であることに気づこう。

また、心の中の悪しき性質の中でも、最も悪いものは怒りである。怒りは忍耐（忍辱）を養うことによって消すことができる。そして「悪意をもって自分に害をなしてくる敵に対して、なぜ怒ってはならないのか」という問いに対して、ダライ・ラマは「人の性質が本来人を傷つける性格を持っているとするならば、それは火に『焼く』という性質があるのと同じことである。火に向かって怒る人はいないように、自分を傷つける敵を怒ることも無意味である」、「敵は煩悩に駆られて自分を傷つけているのだから、怒るべきものがあるとしたら、それは煩悩である」と諭す。

さらに、西洋社会を最も驚かせたのは「敵に対して感謝せよ」とまで言うロジックであった。その論理とは「忍耐という美徳は自分に安楽を持たらすものに囲まれていても、人里離れた山奥でたった一人で瞑想していても身につくものではない。敵という存在があって始めて忍耐を身につけることができるのだ。従って、敵に対して修行の機会を与えてくれたものと感謝しなさい」というものである。そして、ダライ・ラマは皮肉でも嫌味でもなく「もし中国軍が侵攻してこなかったら、私はポタラ宮の王座に君臨して、うすっぺらな人になっていたでしょう」と中国に対して感謝するのである。

そして、気鬱の人々に対しては、「解決できる問題ならば解決に向けて努力すればいいから心配することは何もないし、解決の余地のない問題ならば心配しても意味がない」とむやみに絶望にうちひしがれないこと、無気力にならないこと、苦しみを精神的な成長の場と捉えるべきことを説く。

さらに、「いかにして世界を平和にするか」という究極の問題についても、ダライ・ラマ十四世の答えは明確である。

ダライ・ラマは「一人一人が心の武装解除をすることによって、外的な武装解除も可能となる」と教育の重要性を説いたのである。そして、あらゆる機会をとらえて「自国の軍備にかけるお金を、貧しい国の教育を支援することに使えば世界の平和は創出される」と訴える。ダライ・ラマ十四世が世界の平和について語る典型的なコメントを以下に引用してみよう。

「どうしたら世界の平和が達成できるのでしょうか。それは世界に住んでいる六十数億の全ての人の行いにかかっているのではないでしょうか。個人個人の行い、そして国々の指導的立場にいる人たちの行いにかかっています。世界の平和を達成するための責任は私たち一人一人の肩にかかっています。

そのためには、一人一人が自分の心の中に内なる平和を達成していくことから始めなければなりません。まず自分自身が内なる平和を達成し、その人が属する社会における平和を達成し、さらにその枠を広げていって世界平和が達成できるのです。

ここでいう世界平和とは、この世の一切の争いが無くなるということではありません。この世において争いごとは常に存在します。でもそれを穏やかな方法で解決していこうとすることが平和の真の意味だと思います。私はその方法として対話が大切だと考えています。強い意思の力をもって、対話を推し進めていくことによって、この世の中の様々な争いや問題が解決できるのだということを特に教育を通じて若い世代の人たちに教えていくべきではないでしょうか。

今の世界には原子爆弾とか化学兵器が開発されて存在していますが、それらが人間のみならず生きとし生けるものにどんなに残虐な被害をもたらすかということをよく考えてみなければなりません。人類を滅ぼしかねないこうした最終兵器の武装解除に向かう第一歩として、私たち一人一人が自分の心の中の内なる武装解除に取り組まなくてはなりません」(二〇〇六年東京講演『ダライ・ラマ　ヒューマン・バリュー』より)。

このような紛争の解決法を、非現実的とみなす人がいるかもしれない。しかし、この手法は実は過去千年間チベットが採用して実際に成果を挙げてきたものなのである。チベットは十三世紀にモンゴル人に攻め込まれたが、彼らを仏教徒にすることによってかえってチベットの文化を発展させた。十七世紀には満洲人王朝・清の皇室にチベット仏教を布教し、清皇帝の帰依によってチベット仏教は極大期を迎えた。つまりチベット人は周辺の民族に仏教を広め、「教育」することによって、チベットの平和を守り、彼らの経済的な布施によって国を繁栄させてきたのである。今、ダライ・ラマ十四世が世界の人々に仏教思想の素晴らしさを説き、チベット文化の護持を訴えているのも、この伝統の上に位置づけることができる。

このように、ダライ・ラマの教えは特定の典礼を必要とせず、誰をも納得させる論理性を持ち、さらに具体的かつ実践的な心のトレーニング法が説かれているため、多くの人々の心を摑んだ。西洋人たちは「この教えの通りに毎日心の訓練を行えば、意識は徐々に穏やかになり、いずれはチベットの高僧たちのように完成された人格に近づくことができる」と確信を持つことができた。目の前にそれを実現した生き証人たち――チベットの高僧――がいたからである。

チベットの高僧たちは国を失い、文化の根幹である僧院を壊され、民を殺されるという究極の体験をしつつも、決してネガティブな態度を取らず、終始ユーモアにあふれていた。中でもダライ・ラマは会う人ごとに相手を魅了していき、世界中に友人を持ち、パリやロンドンやワルシャワなどの歴史的な都市の名誉市民号を贈られた結果、世界中に第二の故郷ができている。こうしたダライ・ラマの希有な姿を眼にすることにより、西洋人たちは、ダライ・ラマの教えが真実であることを確信し、こぞってチベット仏教を学び始めたのである。

②第二の立場から、全ての宗教の調和を促進する

ダライ・ラマが一宗教者としての立場から発言する時には、世界中の宗教者に向けて、自分以外の宗教を尊重するように、と調和を呼びかけている。この自らを大とせず、異教徒を排斥しない仏教の姿勢は、西洋人の仏教に対する評価をいっそう高めてきた。最初にチベット仏教に接した西洋人の弟子たちが、チベットの高僧たちに感銘を受けた理由として「彼らが決して仏教への改宗を強要しないこと」と「偉大な人にありがちな鼻につく強烈な個性というものがなく、穏や

かでユーモアに富んだ気持ちのいい人格であったこと」を一様にあげている。
ダライ・ラマは、あらゆる宗教は「尊敬されるべき心の在り方」を達成することに役立ち、その宗教の信徒を幸せにすることに寄与しているが故に、それぞれに存在価値があるとする。興味深いのは、ダライ・ラマは、マルクス主義のような無宗教も宗教の一つと考えており、マルクス主義ですら人々の幸せに寄与するが故に存在価値があると認めていることである。一方、自らの信奉する宗教こそが唯一の正しいものであると主張して、他者を批判するような宗教は、その宗教の本来の教えからはずれており、他宗教を尊重すべきことを説く。ダライ・ラマの宗教に関する認識は『ダライ・ラマ　幸福論』中のこの一文に集約されている。

世界の主な宗教を見回してみると、仏教も、キリスト教も、ヒンドゥー教も、イスラーム教も、ユダヤ教も、シーク教も、ゾロアスター教も、全て例外なく人間が永続する幸せをつかめるようにすることを目的にしているとわかります。私の見たところ、これらの宗教はいずれも十分その役に立っています。そう考えると様々な宗教があることは、良いことで有益であると言えましょう。……そんなことを言って結局は仏教を宣伝したいのだろうと思う人もいるかもしれません。……本当にそうではないのです。

私は宗教と精神性ははっきりと区別されるべきだと思っています。宗教というのは、そこで約束されている救済を信じることだと私は考えます。そうであるからには、一種の非現実的なもの、超自然的なもの、例えば〔キリスト教の〕天国や〔仏教の〕涅槃のような概念を信じなければなりません。それを前提として宗教の教理、儀式、祈りなどは成り立っています。

それに対して、私の考える精神性とは、称えられるべき心の在り方を示しています。愛情や思いやり、忍耐、寛容、許す心、満足する心、責任感、協調性といった自分だけでなく他人にも幸せを持たらすものです。儀式や祈りは特定の宗教に結びついており、例えば仏教を信じていなければ仏教の説く涅槃も救済もありえませんが、こうした心の在り方は特定の宗教や抽象的な信仰に頼らなくても、人は十分にこうした心を育てられるはずです。宗教は人になくてはならないものではありません。本当に人になければならないのは、こうした基本的な精神性だと思うのです（塩原通緒訳『ダライ・ラマ　幸福論』）。

もちろん、ダライ・ラマは、自らを慕って集まってくる人たちに対して仏教への改宗を求めない。しかし、ダライ・ラマがこう語ることにより、逆に多くの人がチベット仏教に惹きつけられていった。その只者でない謙虚さが人々に感銘を与えたこと、ユダヤ教であれ、イスラーム教であれ、キリスト教であれ、どのような宗教を信じる家庭に生を受けた人であっても、チベット仏教を学ぶために、家の宗教や地域の文化と縁を切らずにすむ気楽さがあったからである。

ダライ・ラマが普遍的な言葉で仏教のエッセンスを説くことについて、仏教界の一部には「ダライ・ラマの教えは単なる倫理であって仏教ではない」と批判する者がいる。しかし、ダライ・ラマが一番目の立場から説く教えは、あらゆる点から見て仏の教えから外れておらず、それどころかより多くの人々に仏の教えを伝えることに成功している。また、他宗教を尊重し、仏教へと改宗を強制しないことは、宗教全体主義を嫌う西洋の知識人たちの好感を得たため、かえって世界的に仏教の評価を高めることとなった。客観的に言ってダライ・ラマは仏教の世界的評価を高めたのであり、「仏教用語を用いれば、それが仏教」という見方の方がよほど浅薄であることは明らかである。

③一難民としてチベットの自治を求める

ダライ・ラマは第三の立場、すなわち一チベット難民の広報官としての立場からは、世界中に向けてチベット難民と本土チベット人の苦境を訴え、本土チベットに実質的な自治が実現するように働きかけてきた。この立場は、太古の昔に観音菩薩が「チベットの命あるものを救おう」と誓ったその誓いの延長線上にあり、近代的な意味では一つの民族の命運をかけて戦うリーダーたちの系譜にも連なっている。

ダライ・ラマはチベット人が容赦なく殺されていったこの苦難の日々、本土のチベット人に対して「ダライ・ラマを批判せよ、と言われたなら、相手の言いなりになっていくらでも私を批判しなさい。生き延びることが大切です。そして、自らを迫害する者たちを憎んではならない」と呼びかけてきた。このダライ・ラマの教えによって、苛烈な中国の支配下にあってもチベット人は人的被害を可能な限り減らし、かつ、道義的には自分たちは正しいという自信を持つことができたのである。

ダライ・ラマが非暴力という政治的手法を採用した背景にはもちろん観音菩薩としての実存によるところが大きいが、より世俗的なレベルでは、インド独立の父ガンディーの生涯に対するリスペクトがある。ダライ・ラマは少年期に隣国インドの独立を目の当たりにし、ガンディーの偉業についてもインドから送られてくる英字新聞やニュース映像などを通じて通暁していた。

ガンディーが採用したアヒンサーと呼ばれる大衆運動は、アメリカのエコロジスト、ディヴィッド・ソロー［一八一七―六二］が著した『市民的不服従』に記された思想にその起源を持つ。

ソローは、当時のアメリカ政府が行っていた数々の非道な政策に対して、「狂った政府の下では、正しい人間（逃亡奴隷、ネイティブ・アメリカンなど）こそが牢獄の中にいる、牢獄の中にこそ正義がある」と言い、アメリカ政府に対して人頭税の支払いを拒否して投獄された。

ガンディーはソローがたった一人で行った非協力運動をインドの大衆を動員して政治運動にまで昇華させた。具体的な戦法は以下の通りある。「イギリス政府が植民地体制を護るために制定した悪法を時や場所を予告した上で破る。その日、現場に待ち受けるインド警察が丸腰のインド人を暴力的に収監していくシーンを、同じく待ち受けていたマスコミに世界中に流させる。この映像を見た世界中の人々は当然イギリスの行いに対して不快感を抱く」こうすることによってガンディーは、真実はインド人の側にあることを世界に示したのである。ガンディーはこの非暴力運動を単純に政治的な手段としてではなく、神に近づくための自己陶冶の修行と考えていたため、運動に参加する人々に対して悪法以外の法はきちんと守ること、差別や憎しみなどの感覚に駆られて行動しないようにと、厳しく言い渡していた。

ダライ・ラマは殺生を最も悪しき罪と考える仏教徒であるため、チベットに実質的な自治を実現するためにガンディー・スタイルの運動方式を採用したことは自然の流れであった。しかし、ガンディーが相対したのは仮にも民主国家のイギリスであったが、ダライ・ラマが対するのは共産党が一党独裁を行う国家である。ガンディーはインドを独立へと導いたのに引き代え、ダライ・ラマの非暴力闘争は中国政府の心を全く変えることなく今に至っている。しかし、このチベット人が殺されていく日々においても、ダライ・ラマは非暴力を貫き続けてきた。

聞く耳を持たない粗暴な相手に対しても次元の違う高潔さで対するダライ・ラマの姿は、先進各国の知識人に感銘を与え、ダライ・ラマは、ガンディー、キング牧師、マンデラ、ツツ大主教という非暴力の聖者たちの系譜に連なるとみなされているばかりか、彼らを超えた国際的な賞賛を受けるようになっている。武力によって民族を解放に導いた毛沢東やホーチミンが一民族の英雄にとどまっていることと対照的に、非暴力によって人々を啓蒙するダライ・ラマは今や世界中の人々から平和思想の権化と称えられているのである。

❖ダライ・ラマに共鳴する国際社会

非暴力の運動が実って、一九八九年にチェコスロバキアでビロード革命が起き、ベルリンで壁が崩れ、独裁体制が転換した際に、ダライ・ラマは即座にその地を訪れ、新しい社会のリーダーたちと交友を結んだ。ベルリンの壁が崩れた際にはその月のうちにベルリンを訪れてキャンドルを捧げ、一九九〇年にはチェコスロバキアのハヴェル大統領と、一九九一年にはポーランドのワレサ大統領と固い握手を交わしている。

また、同じくノーベル平和賞の受賞者であるアイルランドのベティ・ウィリアムス、コスタリカのオスカル・アリアス、グアテマラのリゴベルタ・メンチュ、東ティモールのホルタ神父らと共に、ビルマ（ミャンマー）の軍事政権に対するアメリカの投資撤退を求め、南アのツツ大主教らと共に数々の平和会議を主催するなど、ノーベル平和賞受賞者たちと協力しての独裁体制への非協力運動も行っている。さらに、九・一一同時多発テロなどの悲劇が起きた際には武力報復を戒める公開書簡をブッシュ大統領（当時）に出すなど、世界平和に対する貢献も著しい。つまり、ダライ・ラマ十四世は世界の紛争のあらゆるシーンにおいて、独裁政権に対しては非協力を、被害者に対しては怒りのケアを行ってきたのである。

このダライ・ラマの言動は高く評価されており、世界中の著名な平和賞・人権賞はほぼ受賞しつくしており、セントアンドリュース大学をはじめとする名門大学からの名誉博士号や、パリやローマなどの歴史ある都市からの名誉市民号も数多く受称している。近年も、二〇〇七年に人権の改善に尽くした労によりアメリカの下院からゴールド・メダルが贈呈された。メダルには「世

ダライ・ラマ法王に授与されたメダル　2007年

界の平和は一人一人が心の平和を陶治するところから始まらねばならない。平和は暴力が無くなるだけでは実現できない。平和は人が他者を慈しむことから顕現する」と記され、裏面には、チョモランマを背にしたダライ・ラマの姿と「チベットのダライ・ラマ十四世」という銘文が打たれている。アメリカがダライ・ラマの思想をよく理解し、それに共鳴していることが現れた文面となっている。

ちなみに、ゴールド・メダルの授与を決議した際のアメリカ下院の議長は、民主党のナンシー・ペロシ氏であった。氏は一九九三年から何度もダライ・ラマと会見を重ねており、ダライ・ラマのよき理解者として知られ、二〇〇八年九月二日、アメリカ最高位の政治家として初めて広島の原爆記念碑に献花し、「原爆投下は戦争終結を早めたので、正しい行動である」としてきたアメリカのこれまでの主張に一石を投じた。

二〇〇九年一月にバラク・オバマ氏がアメリカ大統領に就任すると、変化はさらにはっきりとしてきた。オバマ大統領は四月四日のプラハ演説で以下のように述べている。

あるものはこう言う。「兵器の拡散は止められないし、チェックもできない。われわれは究極の破壊兵器を所有するより多くの国家や民族と一つの世界に住むことを運命づけられている」と。このような運命論は全くの逆説だ。なぜなら、我々が核兵器の拡散を必然であると信じたなら、その時、我々は核兵器の使用も必然だということをある意味認めているからだ。……二十世紀に、自由のために立ち上がったように、二十一世紀は人々が核による滅亡の恐怖から逃れる権利のために立ち上がらねばならない。

核兵器を保有する国家として、また核兵器を使用した唯一の国家として、アメリカは〈核兵器廃絶にむけて〉行動する道義的責任がある。アメリカだけではこの試みを成し遂げることはできないが、リードすることはできる。始めることはできる。

このプラハ演説といい、オバマ氏が選挙戦に用いた「我々は変われる」（Yes, we can!）という合言葉といい、対立する政治勢力と対話を通じて問題を解決しようとする外交姿勢といい、オバマ氏の行動全てが、先ほどのダライ・ラマの「平和は国家の指導者と我々一人一人の行動と心の持ち方と対話による」という主張とリンクしていることが見てとれよう。余談であるが、オバマ氏が大統領への就任演説を行った日、そのポケットにはダライ・ラマから献呈されたカター（チベットで会見の際に交換される白いスカーフ）が入っていた、という噂がかけめぐった。この噂の真偽は当事者たちが否定も肯定もしていないことから定かではないが、オバマ氏とダライ・ラマが極めて近しい関係にあると多くの者がみなしていることの証明にはなるだろう。

ダライ・ラマ十四世やオバマ大統領の説く対話路線に対して、「言葉だけで平和は実現しない」と言う者がいる。しかしこのような批判は論理的ではあるまい。なぜなら、ダライ・ラマやオバマ氏が提示しているのは未来のあるべき姿であり、それが失敗するのも、成功するのも、我々が意識を変えるか否かにかかっているからである。

❖ 知識人たちのチベット

若き日のダライ・ラマは西洋の文化、特に科学に強い興味を示し、仏教思想が長い伝統の中で培ってきた意識や存在に関する哲学が、物理学や生化学、心理学などの説明とどこまで噛み合うのか、また、どこまで検証できるのかについて知りたがった。キリスト教は聖書の文言を、科学はむろんのこと他のジャンルの思想と比較・検討することに消極的であったことを考えると、ダライ・ラマの柔軟性は際立っている。

そして、ダライ・ラマはそれからも多くの著名な科学者たちと対話していく中で、多くの点について科学と仏教思想が矛盾しないことを見いだし、さらに、宇宙や世界の形などについて仏典と科学が矛盾する点については、あっさりと仏典の記述を捨て、科学的な世界観を受け入れた。

ダライ・ラマのこの柔軟な知性と合理性は、チベット仏教が元来あらゆる角度から徹底的に議論を尽くして思想を形成する伝統から出てきたものである。仏教では、意識や存在の在り方を観察する場合も、あらゆる点で矛盾の生じないような論理的な論証が要請される。つまり、科学者も仏教者も実在に対するアプローチ法はほとんど変わらないのだ。

ダライ・ラマはさらに、ビジネスマン、エコノミスト、俳優、アーティスト、王族など、様々なジャンルの人々との対話を通じて西洋社会のあらゆる分野において知見を広げ、同時に対談相手を敬服させ魅了していった。一九九二年には、これらの人脈の集大成とも言えるノーベル賞受賞者を始めとするそうそうたる名士たちが、チベット百人委員会（Committee of 100 for Tibet）を構成して、チベット人の行う非暴力闘争を支持し、チベット問題を啓発する活動を行っている。

二〇〇二年にはシリコン・バレーのビジネスマン集団が、ダライ・ラマの理念を世界に普及させることを目的としたダライ・ラマ財団（Dalai Lama Foundation）を創設し、一九九九年にダライ・ラマ十四世が著した『新世紀のための倫理』（邦題『ダライ・ラマ　幸福論』）をグループ・ディスカッションのテクストとして普及させる運動を行っている。本書には前に述べたダライ・ラマの三つの立場のうち最も普遍的な一番の立場から、宗教、人種、国家体制の差を超えて誰にでも実践可能な人格を陶冶するためのカリキュラムが示されている。

二〇〇三年にはチベット百人委員会とダライ・ラマ財団が共催して、ダライ・ラマの人格の力、平和の尊さ、軍事力による問題解決の不毛をテーマにした現代アート展、「ミッシング・ピース」（「失われた平和」展）を組織し、世界中を巡回させている。

ダライ・ラマは洗練された知性を持つ階層の人気が高いため、この階層に向けて発信される広告に、イメージ・キャラクターとして何度も登場してきた。富裕層にライフ・スタイルを提案する一九九二年の「ヴォーグ・パリ」のクリスマス特別号の編集長をダライ・ラマが務めたことなどは象徴的である。また、クリエーターや文化人が愛用するアップル・コンピューターが一九九八年に出した「Think Different」広告シリーズにおいて、ダライ・ラマは、ジョン・レノン、ガンディー、アインシュタインなどと並んで、「物事を違った角度から見て、世界を変えた人々」の一人として、登場している。そして、二〇〇九年にはイギリスのチャールズ皇太子が温暖化を防止するために推進している「王子の熱帯雨林プロジェクト」（The Prince's Rainforests Project）の広告に、ダライ・ラマはペレや

「ミッシングピース東京展―ダライ・ラマ14世と向き合う、60人のアーティスト」2008年10月17日～11月9日

「Think Different」Apple 社広告　1998 年 NY 市内
出典：『Dream World Tibet』Weatherhill、2004 年

ハリソン・フォードといった有名人と並んで巨大な蛙を手に載せて出演している。

　仏教という伝統的な思想の体現者でありながら、科学者や哲学者とも対等に語り合う先進的な知性をも持つダライ・ラマは、工場で作られる大量生産品や、一瞬に消費されるチープな消費財とは全く逆の、時間をかけて作り出される上質で洗練された文化のアイコンとなったのである。

　チベットがこのような上質な大人の文化の代名詞として扱われた広告の代表例としては、二〇〇八年のフィアットのランチア・デルタの広告が挙げられる。この広告におけるチベット・イメージを解読するためには、まずこの広告が作られた時代背景を語らねばならない。

　二〇〇八年三月十日、チベット蜂起記念日にデプン大僧院の僧侶が行った平和的デモが警察の暴力により解散させられた結果、チベット人は各地で抗議行動を始めた。国家の威信をかけて北京オリンピックを成功させようとしていた中国はこれらの抗議行動を武力で弾圧し、チベット人の中から多くの死者が出た。この中国政府の対応は世界各国の顰蹙《ひんしゅく》をかい、その結果、北京オリンピックの公式スポンサーたちは、「北京オリンピック」をプラスのイメージで広告に用いることができなくなった。ナショナル（現パナソニック）はオリンピック開会式までのカウントダウン電光掲示板入りポスターをはずし、日本航空も中国線の広告をやめた。読売新聞もオリンピックに参加する選手たちを入れた広告を通常のものと代えた。もはや「北京」はそれに触れるものを等しく汚染するラジオアクティブなものとなってしまったのである。

このような状況の下、日産自動車はハリウッドで最も熱心なダライ・ラマのサポーターであるリチャード・ギアをCMに起用することを取りやめた。おそらくは中国を刺激しないためであろう。しかし、イタリアのフィアット社はあえてギアを起用し、その映像の中でチベットを支援することをはっきり表明した。ギアのアイディアによって作られたというCMは、「ハリウッドの中国劇場の前にある著名なセレブの手形広場から、ギアが自分の手形を踏みつけてランチア・デルタに乗り込む。車が走り出すと、いつのまにか車窓からポタラ宮が見えチベットに着いたことを知る。ギアはランチアから降りてチベットの少年僧と共に雪の上に手形を残す」というものである。

この映像にはチベット仏教に親しんでいる西洋人ならすぐに分かる寓意が込められている。ハリウッドの中国劇場からチベットへの移動は、虚栄（中国）から深い精神性（チベット）への移行を表し、石の手形から儚く消える雪の上の手形への移行は、何につけエゴを石に刻んで後世に残したがる物質文明から「何事も依存性の中にあるが故に実体はない」とエゴを解体するチベット思想へのシフトを示したものである。

つまり、フィアットはギアを起用したこのCMによって中国から得られる目先の利益よりも、チベットの高潔な理念を支援する、という姿勢をはっきりと示し、ランチアの高級感を巧みに演出したのである。

欧米におけるダライ・ラマやチベット仏教のイメージがこのように高潔で洗練されたものであるにもかかわらず、日本の多くの者たちは旧態依然とした共産主義のプロパガンダや自らがすでに有しているカテゴリーを通じてダライ・ラマを決めつける人が多い。日本人はまさにダライ・ラマが説く概念化する思考（分別知）の囚われ人なのである。

第六章

現代の「キム」たち

チベットの仏教哲学が世界の知識人に理解され評価されていくに際しては、チベットの高僧たちと西洋社会との間をつなぐ架け橋となったキーパーソンたちが大きな役割を果たしてきたことを忘れてはならない。

彼らが語るラマたちとの出会いのエピソードは、まさに「キム」と「ラマ」とのそれを彷彿とさせる。言葉もろくに通じない最初の出会いから強く惹きつけられ、この人の側にいたいと思うようになり、その教えによって青年期の不安を克服し、人格を成熟させていった。現代のキムたちはその後自分の体験を西洋社会において分かち合うために、チベット文化を西洋に伝える組織を作り始める。

キーパーソンの最初の一人は、チベットの難民キャンプにチベット僧を訪問した最初期の欧米人の一人、ジーナ・ラチェフスキーである。彼女の師であるラマ・イェーシェーは後に西洋世界において英語でチベット仏教を説き、仏教を学ぶためのセンターを各地に設置して世界規模のネットワークを作り上げた。

第二のキーパーソンであるロバート・サーマンは、チベット仏教僧として得度した最初の西洋人である。現在はコロンビア大学で中観哲学の教鞭をとる傍ら、チベット文化を維持するための拠点であるチベット・ハウスをニューヨークに設立した。

マチウ・リカールはフランスの著名な知識人家庭に生を受け、科学者となった後、チベット仏教の僧となった。ダライ・ラマが科学者と対談を行う場合の通訳サポートを務め、フランスにおけるチベット仏教のスポークスマンでもある。

ハリウッドを代表する男優リチャード・ギアは最も知名度の高い欧米人のチベット仏教徒であろう。彼は俳優として人の前に立つあらゆる機会をとらえてチベット問題の啓発に取り組み、チベット文化の維持に励んでいる。

これらのキーパーソンたちはほぼ同世代で、平均以上の高い知性をもってチベット文化のエッセンスを身につけ、西洋社会にチベット文化を伝えるための様々な機関を作り上げた。これらの機関が提供する機会によって、さらに多くの「キム」がチベットの僧と出会い、成長していったのである。

現代の「キム」たちのプロフィールを見ていこう。

❖現代の釈尊伝　ジーナ・ラチェフスキー

一九六五年、ロシア系アメリカ人、ジーナ・ラチェフスキー（Zina Rachevsky）［一九三〇―七二］がバクサドアルのチベット難民キャンプに辿り着いた。ジーナは裕福な家庭に育ち、ハリウッド女優として数々の浮き名を流しつつ、何度もの結婚、情事、酒、ドラッグ、パーティ、贅沢な暮らしの全てを享受したあげくに、そのどれからも慰めを得ることができずに、ゴーヴィンダの『白雲の彼方に』に登場するトモ・リンポチェ（トモ出身の高僧）を探していたのだった。

彼女は当時トモ・リンポチェとして知られていたソパ・リンポチェ（bzod pa rin po che）［一九四六―　］のテントに転がり込み、じきに人違いだと分かったものの、ソパ・リンポチェの師であるラマ・イェーシェー（lama ye shes）［一九三五―八四］がたどたどしい英語で語る仏の教えに一時間ほど耳を傾けた。そして帰り際、彼女は意外にも「明日も来ていいですか」と問いかけてきたのである。チベットのラマたちは朝夕「あらゆる命あるものが仏の教えに入るまで、自分の安楽は求めない」と誓っているため、彼女の申し出を断る理由はなかった。

それからジーナは毎日のようにジープで二人の元に通ってきて教えを聞いた。しかし、インドからの退去命令が出たため、ダライ・ラマに嘆願して、ラマ・イェーシェーとソパ・リンポチェの二人がジーナの滞在するスリランカを訪ねられるようにした。

後にラマ・イェーシェーはジーナをこう評している。

ジーナは何もかもに不満だった。自分の人生はカラッポで、何の風情もない、といった。やりたいことは全てやってみた。だけどどこにも満足は得られなかった、とね。彼女の言っていることはよく分かった。逆に私はといえば、すっからかんだ。国も家も金も財産も家族もない。なのに私は全てをもっている。……ジーナに欠けているものはまさに彼女自身に対する自分の内面への理解なのだと私は悟った。自分自身の中に秘められている幸せになりうる力への理解が欠けているのだ。彼女は幸せは外からやってくると考えていたが、そうではなく、それは内側からやってくるのだ（ヴィッキー・マッケンジー著『奇跡の転生』）。

こうして、ジーナは自分の鬱々とした気分の原因が外にあるもののせいではなく、自らの内側にあること、幸せになるためには自分の意識を陶冶する以外ないことに気づいたのである。そこで一九六九年、ジーナはカトマンドゥの郊外にあるコパンの丘を買いあげ、チベット仏教の瞑想修行場を作った。ここには、一九七一年から欧米人向けの一カ月の瞑想コース――チベット仏教の修道カリキュラム「ラム・リム」に則ったもの――が設けられた。一九七二年、ジーナはラマ・イェーシェーに命じられて行ったヒマラヤの山中での隠遁修行のさなか、わずか四十二歳の若さで他界した。彼女の死後もこのコパンの丘からは世界中にチベット仏教の教えが広まっていった。

ジーナがチベット仏教に出会うまでの状態は、一見して釈尊の青年期とよく似ている。何不自由なく享楽的な生活をしながらも、そこからは何も得られなかったジーナは、釈尊同様深い憂愁に沈んでいた。しかし釈尊が一沙門と出会って出家を決意したように、ジーナもラマ・イェーシェーに出会い、真の幸福とは快楽の追求からは生まれないことを覚り尼僧になったのである。釈尊は覚りを開いた後、八十歳まで布教の旅を続けるが、ジーナは修行半ばにして倒れてしまった。しかし、ジーナの生涯に釈尊の生涯を重ねる人々は、ジーナの隠遁修行中の死を「覚りを開いた」との神話に変えてコパンで語り継いでいる。

ジーナの死後、ラマ・イェーシェーとソパ・リンポチェは教えを求めてコパンに集まる西洋人に仏教を説き、瞑想の指導をし続けた。特にラマ・イェーシェーは一九七四年の初渡米をかわきりに、世界中を飛び回り、先進各国の主要な都市にチベット仏教の修行センターを設立していった。ラマ・イェーシェーとその弟子たちが築いた各地のセンターは一九七四年に設立された「大乗仏教の伝統を維持する財団」(FPMT)の名の下にネットワーク化された。

ラマ・イェーシェー［1935-84］

一九八四年にラマ・イェーシェーは心臓病によりロサンゼルスの病院で他界した。しかし、スペイン人の弟子マリアとパコの間に一九八五年二月十二日に生まれた五人目の子供ウーセルがラマ・イェーシェーの転生者に認定された。成人したウーセルは二〇〇九年に還俗を表明し、周囲を驚かせたが、本人は至って平常心で「仏教を僧侶とは違う立場で伝えていきたい」と述べている。つまり今なおラマ・イェーシェーの物語はまだ終わっていない。チベット人のラマからスペイン人の子供へという人種も国境も超えた転生物語はヨーロッパで評判となり、ベルナルド・ベルトリッチ監督がチベット僧のアメリカ人への転生を描いた映画『リトル・ブッダ』を制作する契機となった。

ハリウッド俳優リチャード・ギアがFPMTのニューヨーク支部のキョンラ・ラトゥー・リンポチェをラマとしたように、FPMTの活動はそれからも多くの西洋人に仏教に接する機会を与え続けている。

❖ニューヨークのチベット僧　ロバート・サーマン

ロバート・サーマン教授（Robert Thurman）［一九四一―　］はアメリカにおけるダライ・ラマのスポークスマンとして、また、女優ウマ・サーマンの父としてアメリカでは非常によく知られた学者である。サーマンがどのようにしてチベット仏教と出会ったのか、彼の心の軌跡もジーナのそれとよく似ている。

高校生の頃のサーマンはキューバ革命に憧れて革命志願者に応募するような「共産主義の何たるかも理解していない夢見る少年」であった。しかし、一九六一年に起きた不慮の事故は彼の生き方を百八十度転換させた。ハーバード大学に在学中の二十歳の時、サーマンはタイヤを交換中にスチール部品を左目に当てて失明した。当時サーマンは裕福な家庭の令嬢と学生結婚して子供ももうけていたものの、この件で世の無常を感じて放浪の旅に出て、結婚は破綻した。旅の中でサーマンはギリシャの修道院に救いを求め、トルコ、イラン、アフガニスタンをさまよい、インドでチベットから亡命した僧侶たちと出会ったのである。

サーマンは父親の死にともなってアメリカに帰国した際、ニュージャージーに住むカルムキアの僧ゲシェ・ワンゲル氏と出会う。サーマンは師と一目会うや運命の師と直感したという。


これまで多くの聖人、高僧と会う機会がありました。こういう人はみなそれなりに気高さを持ち周りにオーラを放っています。強力なエネルギーを発してもいます。驚くように偉大な人たちなのですが、同時に強烈なエゴを発しているとも考えられます。師にはそれがなかった。僕を全体的に受け入れながら、自分の存在を決して押しつけてくることがなかったのです（ロバート・サーマン「米国社会とチベット問題」『ジッポウ』二〇〇八年夏）。

世界中を放浪して様々な宗教に接したあげく、生まれ故郷のニューヨークに戻ってラマを見いだすとは、青い鳥さながらの改心劇であった。

サーマンがあまりにしつこく出家を願い出たため、ワンゲル師は閉口してサーマンをダライ・ラマの元に連れていった。こうして一九六四年二十一歳のサーマンと二十九歳のダライ・ラマは出会ったのである。亡命後間もない若き日のダライ・ラマはかつてハインリッヒ・ハラーに対してそうしたように、サーマンから西洋の知識を吸収しようとした。当時のダライ・ラマの興味はダーウィン、フロイト、アインシュタイン、アメリカの生活など、欧米の文化や科学についての質問が多く、サーマンはできる限りダライ・ラマの質問に答え続けたという。

サーマンはダライ・ラマの計らいで正式に僧となり、ダライ・ラマの師僧であったリン・リンポチェ（gling rin po che）［一九〇三―八三］の元で中観哲学を学び始めた。しかしベトナム反戦運動や公民権運動が盛り上がりを見せる中、仲間に俗世に戻るように促されたこと、また、師より「君が仏教を説くのは僧院の中ではなくアメリカ社会に向けてだ」と言われたこともあり、ハーバード大学に戻り、一九六七年に還俗して二度目の結婚をした。

一九七〇年代、中国政府はダライ・ラマの外国訪問を妨害し続けていたため、ダライ・ラマはその期間を有効に活用して学問と修行に励んだ。サーマンが博士論文の準備のために一九七〇年にダラムサラを再訪すると、ダライ・ラマは西洋に関する知識を聞きたがった六年前とは異なり「哲学そのものを生きており」、サーマンが仏教哲学について質問をすると自分の言葉で明快に説明した。

そして一九七九年、ジミー・カーター大統領の尽力でダライ・ラマのアメリカ初訪問が実現すると、サーマンはダライ・ラマの旅に随行し、母校ハーバード大学にも招聘した。この旅の折、サーマンはダライ・ラマが無上ヨーガの修行によって、さらに修行体験を深化させ、今や計り知れぬ高みに至っていることを知った。

サーマンはこのようにダライ・ラマが絶えず進歩し、成長し、深化していく過程を目撃し、「西洋社会にチベット文化の価値を伝える」という自分の使命を強く自覚するに至る。そして師の言葉通り、あらゆる機会をとらえてアメリカにおいてチベット仏教の価値を説き始めたのである。

ダライ・ラマが一九八七年に中国の国内法の範囲内で実現可能な「チベットにおける実質的な自治」を要求する「平和に関する五項目の提案」を発表した時、サーマンはチベット文化の未

ロバート・サーマンと娘のウマ・サーマン

来を考えてその保存を使命とするチベット・ハウス（Tibet House）をリチャード・ギア、フィリップ・グラスと共に設立した。チベット・ハウスは今や世界各国の都市に同様の理念で設立されており、チベット文化の啓蒙・普及に努めている。

また、ニューヨークのチベット・ハウスは毎年チベット暦の正月に合わせてカーネギー・ホールでベネフィット・コンサートを行い、サーマンは娘の女優ウマ・サーマンと共に進行役を務めている。ちなみに、ウマの名前はサーマンが自らが研究対象としているチベットの中観（ウマ）哲学にちなんで付けたものであり、三人の息子のミドル・ネームにもそれぞれチベット名が付けられている。

チベット僧として修行した後、その後生まれ故郷のアメリカに戻ってチベット文化を伝え始める、というサーマンの軌跡は、かつてチベットの本山で研鑽したモンゴル人僧が、自らの故郷に戻ってチベット仏教の普及に努めたという伝統の延長線上にある。ラサの大本山はかつてあらゆる地域から留学生を集め、その指導に当たっていた。本山の高僧たちはこれらの留学生の中から、優秀な学生、あるいは貴族や王族の子弟をより分けて、故郷に戻して布教に当たらせた。最高学府ハーバード大学に在籍し、チベット語を完璧に取得し、高度な中観哲学を理解する知性を持ったサーマンがアメリカにおける布教者に最適とみなされて故郷に戻されたのは、このチベット仏教の僧院社会の伝統に則っている。国を失いながらも、伝統のままに文化を維持しているチベット仏教の底力には驚くばかりである。

❖科学と仏教の架け橋となったフランス人　マチウ・リカール

マチウ・リカール（Mathiew Ricard）〔一九四六―　〕は父を著名な哲学者ジャン＝フランソワ・ルヴェル、母を画家ヤンヌ・ル・トゥムランとするパリの最高の知識人層の家庭に生まれ、幼い頃からアンドレ・ブルトンを始めとする当代きっての詩人、思想家、演劇人、趣味人などの著名人に接しながら育った。さらに、一九六七年にノーベル生化学賞の受賞者であるフランソワ・ジャコブの下で研究員として採用され、世界中から集まったそうそうたる顔ぶれの科学者たちと接するようになった。

マチウの人生が変わるのは一九六七年の二十一歳の時である。パリに飽き飽きしていたマチウはかつてドキュメンタリー映画の中で見て印象に残っていたチベットの高僧たちを訪ねてダージリンに向かい、そこでニンマ派の高僧カンギュル・リンポチェ（bka' gyur rin po che）［一八九七―一九七五］と出会ったのである。

マチウはこの頃英語があまり達者でなかったため、言葉によってリンポチェと意思の疎通をはかることは十分にできなかったが、ただ傍にいて瞑想をしているだけで、その存在そのものから感銘を受けることができた。マチウがそれまで父母の元で見てきた「一流の才能を持つ人々」は、みな人間としての完成度は極めて低く、ペテン師であったり、鬱であったり、高慢であったりした。しかし、目の前にいる国すらも失った無名の僧は、今まで出会ってきたどの著名人にも見いだすことのできなかった「完成した人格」が備わっており、マチウいわく、「その全存在からアッシジの聖フランチェスコもかくやとも思われる利他の精神、善意、誠意を横溢させていた」のである。

一定の修行レヴェルに達したチベットの高僧は、極めて高い倫理観・健康な精神・言行一致の振る舞いを全人格的に有しているため、接するものを惹きつける。あらゆる人種に接していたキムがラマ僧に一目で惹きつけられたように、マチウはカンギュル・リンポチェとの出会いにより、仏教にこそ「何よりも極めるべき本質的なもの」があることに気づいたのである。マチウは研究が一区切りした一九七二年に、パスツール研究所を辞め、チベット僧として出家して求道生活に入った。

マチウの改心は「科学は情熱を掻きたてるものであったが、人生の根本的な問題を解決できるものではない。これらの知識では人の苦楽のメカニズムは解明され得ない」と合理的に判断してのことであったが、著名な哲学者の息子であり、科学者であったマチウがチベット仏教の世界に入ったことは、大半の西洋人にとっては驚くべきことであった。著名な哲学者である父との対立もまことしやかにささやかれたものの、父は二人の間に立ち込めた暗雲は「ヒマラヤのモンスーンだけだ」と言って否定している。

マチウは一九七五年にカンギュル・リンポチェが亡くなるまで側近くに仕え、哲学と瞑想に明け暮れ、カンギュル・リンポチェの死後はその葬儀をとりしきったディルゴ・ケンツェ・リンポチェ（dil mgo mkhyen brtse）［一九一〇—九一］と共にインドやブータンで修行に励んだ。彼は後にこの修行に明け暮れた十三年間を、生涯忘れ得ぬ幸せな体験であった、と述べている。

マチウの静かな生活が騒がしくなったのは、一九九七年に哲学者である父ジャン＝フランソワ・ルヴェルとの対談を世に出してからである。『僧侶と哲学者』と題した父子の対談集は三十五万部を売り上げ、各国語に翻訳され、マチウはいつのまにかセレブにまつりあげられた。

この対談の初めにおいて、著名な父は息子が準備した様々なテーマについて、これらは西洋哲学のパラダイムから「過去二千年議論し尽くされたテーマばかり」と一蹴した。しかし、対談が進んで行くにつれ父親は息子の話に次第に耳を傾けるようになり、最後は「まだこれらの議論は足りていない」と言わしめたのである。仏教僧となった息子が老練のフランスの哲学者をうならせたことは、チベット仏教思想の論理性を西洋人に強く印象づけることとなった。マチウはこの本で得た印税はチベット文化の叡智から得られたものであるとし、チベットやネパールに病院や学校を建てる人道団体に寄付しチベット社会に還元した。

マチウにとって科学者であることを辞めて仏教僧になることは、前者を捨てて後者を取るといった二者択一の問題ではなかった。「チベット仏教の哲学は自分が有していた科学的精神と矛盾すると考えたことは一度もない」（マチウ・リカール著『幸福の探求』）と述べていることからも明らかであるように、仏教も科学もその探求に際してあらゆる角度から徹底的に精査するという共通の姿勢を有している。

チベットの仏教哲学においては、入門と同時にまず論理学の習得が義務づけられており、個々のトピックを研究する際にもディベートを繰り返して矛盾のない結論に達するまで徹底的に議論する。チベット語の初歩の教科書に「金の真贋を見抜こうとする人が金をこすったり、焼いたりして調べるように、仏の教えもあらゆる角度から論理的に精査してその真贋を明らかにせよ」という警句が載っているように、チベット人は「権威ある人が言ったから」、あるいは「経典にこう書いてあるから」という理由だけで、あるトピックを正しいと即断することは決してない。特にチベット仏教の最大宗派・ゲルク派は、あらゆる仏教思想を人が覚りに至るまでの道の各所に位置づける緻密な体系を作り上げた。一部分を習得するだけでも最低十五年の月日を要するこのようなチベット哲学だからこそ、一流の科学者であったマチウの心を射止めたのであろう。

マチウの改心が後悔すべきものでなかったことは、二〇〇六年に『Happiness 幸福の探求』（評言社）という本を出した時、新聞各紙が彼を「世界で一番幸せな男」と評したことからも察することができる。

❖虚飾の街の求道者　リチャード・ギア

リチャード・ギア（Richard Gere）［一九四九―　］はマサチューセッツ大学で哲学を専攻し

ており、俳優を志す前から哲学に対する嗜好性はあった。二十代の初めにギアは若者らしい悩みの中にあり、「正気を踏み外す一歩手前まで」来ていた。そして、深夜営業の本屋であらゆる種類の本を読みあさるうちに、エヴァンス・ベンツの本と出会う。ギアはベンツの本に魅入られ、仏教の空思想の虜となった（Shambhala Sun, 1999）。

しかし、ギアがまず門を叩いたのはチベット仏教ではなく禅であった。四年の間、佐々木指月の下で瞑想を行い、やがて、一九七五年にニューヨークに設立されたＦＰＭＴセンターのラマ、キョンラ・ラトゥー・リンポチェとの出会いを通じて、チベット仏教世界へと導かれていく。

ギアは自らの仏教への帰依をファッションととられることを嫌い、修行生活についてはあまり多くを語らない。しかし、毎日欠かさず瞑想を行い、年に一〜二回はダラムサラに飛んでダライ・ラマの教えを聞き、撮影時においても数珠を手放すことはない姿に、彼が篤信の仏教徒であることを疑う者はいない。

ギアは主演映画のプロモーションでインタヴューを受けるたびに、チベット問題への関心を持つようにとの呼びかけを行い、自らが映画に出演することは、その知名度をもってチベット仏教やチベット問題に関心を持ってもらうため、と述べるほど、チベット文化のために身を挺して働いてきた。一九八七年にロバート・サーマンがチベット・ハウスを設立した時には、創立メンバーの一人に名を連ねており、一九九三年にはアカデミー賞授賞式のプレゼンテーターとして舞台に上がった際、中国に対してチベットから軍隊を撤退させよ、との声明を行って話題となった。

また、自らの名を冠したギア財団（Gere Foundation）においてチベットのために活動する複数の人道団体に寄付を行い、二〇〇一年に立ち上げたヒーリング・ディヴァイド（分断を癒す）財団においてはチベット僧の福利厚生のための事業を行っている。

ダライ・ラマ法王　リチャード・ギア　ナンシー・ペロシ

ギアにとってのチベット支援は虐げられた民を救うという浅薄なチャリティ精神ではない。「チベットを救うことは我々の社会を救うことなのです。チベットを救う時、我々は敵とも兄弟姉妹になれるという可能性を同時に救っているのです」との言葉が示すように、チベットの仏教文化の存廃は我々の文明の未来の行方を決する、との認識からギアはチベットのために戦っているのである。そして、彼のこの認識は今や多くの西洋の知識人も共有するものとなっている。

第七章　「立ち上がれ！」――チベタン・フリーダム・コンサート

音楽も社会運動も共に体制と対立的であり、人の心に直接働きかけ、それまでは無関係だった個々人を一つの理念なり音楽の下に集団としてまとめあげていくという共通性を持つ。従って、西洋ではアーティストが社会的主張を持ち、音楽活動を通じてその主張を実現しようとすることは珍しいことではない。ベトナム反戦においてフォークソングの果たした役割については言うまでもなく、トップアーティストがチャリティのために結成したバンド・エイド（一九八四年）やUSAアフリカ（一九八五年）が一九八〇年代に巨万の富を集めてアフリカ支援に送り、「分かち合う」精神を大衆に根付かせたことは、音楽の力を広く世界に知らしめた。特に、U2のボノはバンド・エイド以後もアフリカの飢餓救済に積極的に関わり続け、その発言は今や先進各国の首脳を動かすまでになり、ノーベル平和賞候補にもリストアップされている。

このように音楽と社会運動が密接に関係する素地がある中、西洋のアーティストたちの中から非暴力を掲げて中国と戦うチベットへの応援歌が生まれるのは必然の流れであった。

❖アダム・ヤウク「菩薩戒」

ビースティ・ボーイズのアダム・ヤウク（Adam Yauch）は一九九三年にダライ・ラマ法王の教えを聞き、翌一九九四年に一つの曲を発表した。その名も「菩薩戒」（*Bodhisattva Vow*）、命あるもののために覚りの境地をめざす永遠の修行者、菩薩の在り方をその短い歌詞の中に見事にまとめたものである。

「菩薩戒」　ビースティ・ボーイズ

私は覚りの心を育んでいるので
諸仏を賛嘆する　仏は輝くので
私はあなたの前にひざまずく　私はあなたの境地に達するための道を進んでいるので
私は一日中努力します
あらゆる命あるもののために　私は求めます
覚りの心を　求めます　私は尊敬の心を持ちます
シャーンティ・デーヴァとその他の聖者たちに対して
彼らは真理の教えを我々の同胞に持たらした
私は学びの場としてこの世界に感謝を捧げる
そして　今私が得ている人間の体に感謝する
そして　最も深い感謝を全ての命あるものに捧げる
それは彼らがいないと私が求めるものを学ぶ場もないからだ
これはかつてより言われてきたことである

しかし　今ここに私がこれを書き記しておくのは
私の意志を堅固にするため
そして　もしそれが誰かの助けとなるなら嬉しいことである

誰かが私をないがしろにしたり　非難したりしたとしても
怒る前に　いったん立ち止まって考えよう
敵も不安な状態にあることを知り
私は忍耐を実習するようにしよう
私は他人を救うためのチャンスとして　それを見よう
つぼみのうちにつみとれ　怒りが
私が強く確かなものに変わることを妨げる前に
かつて仏となった者たちを思う時
諸仏のよい行いを賞賛し尊敬する時
ただ慈しみの心のみがあらゆる状況の中で勝利することを知る
私たちは他の人を必要としている

学ぶための環境を作り出すために
最も深い恐怖を持たらす状況を生み出すために我々はここにいる
だから　私たちは彼らが（この輪廻の世界から）いなくなるまで
彼らをこの輪廻から解放するべく働くことができる
従って　次のことだけが意味あることとなる
敵が何を意図していようと　敵に感謝すること
菩薩の道は力ある道である
心の内より生まれ　世界の果てにまで行く力である
他者を自分と同じように重要な者とみなし
心の豊かさからくる幸福を求めるよう努力する
我々が相互に依存しあって一体となっているが故に
私たちのとった行いは全てのものに影響する
だから　状況が求めて何かを決意するに際して
全てのものにとって善い道がある
私は最高の善のために全ての行いをなそう

仏の境地を得ようという利他的な心をもって
だから　みんなの前でこう誓いたい
私は全ての行いをあらゆる命あるもののためになすために
私の人生の残りの全てをかけて　また来世もかけて
私は誰にも害を与えないように努力することを誓う
そして　迷える時には仏の教えと
輪廻を卒業した覚りを開いた方たち（諸仏）を思う

八世紀のインドの聖者シャーンティ・デーヴァによると、仏教を理解し修行する能力があるのは人間の生を受けた時だけである。そのため、人間に生まれることができたならばその幸運に感謝し、一刻も早く意識を陶冶する訓練を始めなければならない。まず、自分の安楽のためではなく、他者を救う力を得るために覚りを目指そうと決意する。エゴを鎮めるために自分と他人を同じようにみなす瞑想をし、他者に対する愛を育む。そして自らに害をなす敵に対しては怒りを感じてはならず、忍耐を養い怒りを消さねばならない。以上の思想は上記の歌詞とほぼ同内容をもち、さらに祈りのような形に簡潔にまとめられていることから、アダムの仏教に対する理解の深さを知ることができる。

❖チベタン・フリーダム・コンサート

アダムはこの曲のリリースとともにチベットを支援するための組織ミラレパ・ファンド（Milarepa Fund）を立ち上げ、一連のチベタン・フリーダム・コンサート（Tibetan Freedom Concert）を始動した。ミラレパとは十一世紀のチベットの大ヨーガ行者であり、前半生は報復と呪詛に生き、後半生はその悪業を雪《すす》ぐために仏道に励んで覚りを開いたドラマチックな伝記で名高い。この伝記はエヴァンス・ベンツによって英訳されたため、西洋人にもよく知られている。

一連のチベタン・フリーダム・コンサートはただ音楽を聞かせて、その売り上げを寄付するという単純なイベントではない。コンサートのあらゆる側面でチベット問題への啓発が行われ、例えば曲の合間には独立の考えを捨てなかったため中国に三十三年間投獄されていたチベット僧パルデン・ギャンツォ師が獄中での苛烈な体験を語り、ダライ・ラマのスポークスマンであるロバート・サーマン教授がチベット仏教を啓発し、フリー・チベットのための学生組織SFT(Students for Free Tibet) がそれぞれの地域でSFTの支部を設立するように呼びかけた。会場の署名ブースではチベットのための署名活動が行われ、ワシントンでは国会議事堂前までのデモも呼びかけられた。まさに、音楽と社会運動が一体となったイベントであった。

『フリー・チベット〜チベタン・フリーダム・コンサート 1996』DVD　コロムビアミュージックエンタテインメント 2008 年

第一回チベタン・フリーダム・コンサート

は一九九六年のサンフランシスコのゴールデンゲイト・パークにおいて開催された。ダライ・ラマの唱えてきた非暴力によるアプローチは多くのアーティストの共感を呼んでいたため、レイジ・アゲンスト・ザ・マシーン、スマッシング・パンプキン、レッド・ホット・チリ・ペッパーズなど多くの人気バンドが参加し、十万人の観客を動員し八十万ドルをミラレパ基金に寄付した。

❖パティ・スミス「一九五九年」

サンフランシスコの成功に引き続き、翌一九九七年チベタン・フリーダム・コンサートは舞台をニューヨークに移して開催され、ここではビョーク、パティ・スミス、アラニス・モリセットなどのチベット・サポーターのアーティストたちが参加した。中でもパンク・ロックの女王パティ・スミスはこの年、「一九五九年」という曲を発表して、ダライ・ラマがインドへの亡命を余儀なくされた悲劇の年を複雑な思いで歌った。

「一九五九年」　パティ・スミス

私の話を聞いて
二つ話したいことがあるの
一つは落ちた栄光の物語
一つは虚栄の物語
世界の屋根は途方なく
でも　私たちは「それ」を大丈夫だと見た
私たちが「それ」を作ったから
でも「それ」には羽が生えた
一九五九年に

智慧とは　堕天使が愛と共に上から
注いでくれるお茶みたい
あらゆる種類の光のように諍いに火を付け

ハデなデザインで動き
「それ」に滑り込んで　「それ」には羽が生えてしまった
一九五九年に

それは太陽に輝く血だった
自由を！
アメリカの主張が「それ」を加速させた
自由　自由　自由を……

中国は大荒れ　狂気が横行した
〔ダライ・〕ラマはまだ若かった
自分の国が炎に包まれるのを見た
栄光が雲の端に引きずり下ろされた
なんて悲劇だ
もう一つの『失われた地平線』　チベットは墜ちた巨星

智慧と慈悲は潰えた　シャングリラの地（チベット）で
しかし　インパラとハネウェルの国（アメリカ）では
大丈夫なように見えた
われわれが「それ」を作ったのだから
でもそれには羽が生えてしまった
一九五九年に
われわれが「それ」を作ったのだから
でもそれには羽が生えてしまった
一九五九年に

それは最高の時代でもあり　最悪の時代でもあった
一九五九年は
一九五九年　一九五九年　一九五九年
それは最高の時代でもあり　最悪の時代でもあった
一九五九年

"1959"　Patti Smith

Listen to my story Got two tales to tell
One of fallen glory One of vanity
The world's roof was raging but we were looking fine
'Cause we built that thing and it grew wings
In Nineteen-Fifty-Nine

Wisdom was a teapot Pouring from above
Desolation angels
Served it up with Love
Ignitin'[g strife] like every form of light
then moved by bold design
slid in that thing and it grew wings
In Nineteen-Fifty-Nine

It was Blood shining in the Sun
First Freedom!
Speeding the american claim
Freedom Freedom Freedom Freedom!

China was the tempest [And] Madness overflowed
[The] Lama was a young man
and [he] watched his world in flames
Taking glory down by the edge of clouds
It was a cryin'[g] shame
Another lost horizon Tibet the fallen star
Wisdom and compassion crushed in the land of Shangri-La
But in the land of the Impala honey well
We were lookin' fine

'cause we built that thing and it grew wings
In Nineteen-Fifty-Nine
'Cause we built that thing and it grew wings
In Nineteen-Fifty-Nine

It was the best of times it's [was] the worst of times
In 1959 1959 1959 1959 1959 1959
It was the best of times It was the worst of times
[In] Nineteen-Fifty-Nine

一九五九年はアメリカにとっては虚栄の絶頂にあった年であり、チベットにとっては中国の狂気が国を滅ぼした最悪の年であった。歌詞の中にある「それ」とは共産主義を指しており、中国で共産主義が異形のものに変化し（羽が生え）、シャングリラ（チベット）を滅ぼしてしまったこと、その時、アメリカの学生運動はその実情も知らず、共産主義を称えチベットを侵略する毛沢東を勢いづかせてしまった皮肉を歌ったのである。

パティ・スミスはニューヨークのチベット・ハウスが毎年チベット暦の正月にカーネギー・ホールで開催するベネフィット・コンサートの常連でもある。

❖U2「ONE」

一九九七年のチベタン・フリーダム・コンサートには社会派ロックバンドの最高峰、U2も参加している。U2は非暴力を掲げて黒人差別と闘ったキング牧師に捧げた「プライド」という曲を書いていることに象徴されるように、対立する二つの勢力が、武力ではなく対話によって分断を癒すべきことを歌い続けてきた。中国人に対しても非暴力を掲げて闘うダライ・ラマにU2が協力するのは自然な流れであった。

「プライド」（誇り）のクライマックスには、「暗殺者はキング牧師の命を奪うことはできても、誇りを奪うことはできなかった」という一節があり、非暴力の精神はその気高さから個人の肉体の死を超えて受け継がれていくことを表現した。非暴力で体制と闘ったリーダーたちの多くは凶弾に倒れている。しかし、ガンディーの誇り高い生涯はキング牧師を生み出し、また、ダライ・ラマの闘いの中に生き続けている。確かに彼らの命を奪うことはできても、その誇りを奪うことはできなかったのだ。

Ｕ２がチベタン・フリーダム・コンサートで歌った曲「ＯＮＥ」はベルリンの壁が崩壊し東西ドイツが一つになった時、その分断を癒すために作られた曲である。「ＯＮＥ」はその後もＵ２が「分断」を橋渡ししようというメッセージを送る際の定番の曲となり、九・一一同時多発テロの二カ月後、「報復」を叫ぶ世論がふきあれる中、Ｕ２はこの「ＯＮＥ」を歌って、ニューヨークの二万人の聴衆を泣かせている。

「ONE」　U2

だいぶよくなってきたかい
それともまだ同じかい
少しは楽になっただろうか
あなたには責める人がいる

ねえ　ひとつの愛　ひとつの生命
夜になったとき必要なのは
ひとつの愛　僕らは分かち合わねばならない
気にかけなければ去っていってしまう

私はあなたを失望させたのか
あなたに嫌な思いをさせたのか
あなたは愛を知らないかのように振る舞う

そして私にも愛なしで生きよという

過去を明るみに引きずり出すには　今夜はもう遅い
僕らはひとつ　でも同じではない
お互いに支え合って行くべきなんだ

あなたはここに赦しのために来たのでしょうか
あなたは死者を甦らすために来たのでしょうか
あなたはここにイエスとして振舞うために来たのでしょうか
あなたの頭の中に住むハンセン病患者のために

僕はあまりに多くを求めているのだろうか
あなたは何も僕に与えてくれなかった
僕にはこれしかない
僕らはひとつ　でも僕らは同じじゃない

僕らは互いに傷つけあい　また　それを繰り返していく

愛は聖堂
愛はより高次の法
あなたは私に入るように求める
あなたは私を這わせる
とてもあなたが得たものにしがみついてはいられない
あなたの得たものは痛みだけなのだから

ひとつの愛　ひとつの血　ひとつの生命
あなたはあなたのなすべきことをなすだけ
ひとつの生命　お互いに
姉妹たちよ　兄弟たちよ
僕らはひとつ　でも同じではない
お互いに支え合って行くべきなんだ

永年にわたりカソリックとプロテスタントが国を分断して殺し合ってきたアイルランドにおいて、ボノは母はプロテスタント、父はカソリックという融和を象徴するかのような家庭に生を受けた。そのため、彼は宗教やイデオロギーの差異から起きる暴力的な争いに対して心底嫌悪感を抱いており、融和と対話を訴える歌詞を作り続けている。「過去にどのように憎み合っていたとしても、どのように異なっていたとしても、支え合って分かち合って生きねばならない」というこの「ONE」の歌詞はボノの個人的な体験に基づいて生み出されたものなのである。この歌詞はダライ・ラマが説く「一人一人が敵に対する憎しみを鎮め、他者に対する哀れみの心を持つことによってはじめて、紛争は根本的に解決する」と繰り返し主張してきたこととともよく符合するため、チベタン・フリーダム・コンサートにふさわしい良い選曲であった。

チベタン・フリーダム・コンサートは翌年の一九九八年にはワシントン、一九九九年に至ってはアメリカを飛び出し、アムステルダム、ウイスコンシン、シドニー、東京をまわる世界ツアーに発展した。それから二〇〇一年は東京、二〇〇三年は台北にまわって以後、開かれていない。

チベタン・フリーダム・コンサートが二〇〇〇年以後にアメリカで開かれなくなった理由としては、二〇〇一年の九・一一同時多発テロ事件以後、ビースティ・ボーイズが九・一一同時多発テロの被害者支援、自国アメリカのイラク戦争に対するプロテストに忙しくなったことが大きいであろう。

❖ビョーク「独立を宣言せよ！」

二〇〇一年以後、アメリカの対テロ戦争に世界が翻弄され消耗していく中、中国は経済力を増し、二〇〇八年には北京オリンピックを招致した。

このように中国の発言力が増しチベットが沈黙を余儀なくされていく閉塞した状況下で、二〇〇八年三月二日、アイスランドの歌姫ビョークは上海のコンサートで「独立を宣言せよ！」(*Declare Independence*)という曲を歌い、中国人観衆の前で、「チベット！　チベット！」と叫んだ。前後の流れからいって、「チベットよ、独立せよ」と呼びかけたことは明らかである。ビョークは一九九六年のチベタン・フリーダム・コンサートの参加メンバーの一人であり、かつ、直前の日本公演では「コソボ！」と叫んでいたこと、また、問題のコールはコンサートの最後に行われたことから、確信犯であることに疑いはない。

ちなみに、音楽が政治に対して持つ力を十分に熟知している中国政府は、中国国内で興行する外国人アーティストには事前に曲目を提出させ、「国家の統合を乱すような行為」「怒りをかき立てるようなパーフォーマンス」をしてはならないことを義務づけている。しかし、このような条件をつければ、ロック・コンサートの大半はその存在意義をなくすので、ロック・アーティストにとって中国公演は金かロックかの踏み絵を踏まされていることになろう。

ビョークが「チベット！」を叫んだ直後の二〇〇八年の三月十七日、ラサのチベット人が蜂起した。蜂起は東チベットに飛び火し、アムド、カムの多くの都市でチベット人の抗議行動が行われた。オリンピック・イヤーの中国のメンツはつぶれ、中国政府は軍を投入して容赦ない弾圧を行った。

❖スティング「あなたの愛を送って」

二〇〇八年八月、スティングとアラニス・モリセットが中心となって、二十人のアーティストが集まって非暴力と利他をテーマにした『チベットに捧げる歌　平和の作法』（*Songs for Tibet Art of peace*）をリリースした。「平和の作法」（アート・オブ・ピース）という題名は中国の古典『孫子の兵法』の英訳「アート・オブ・ウォー」(*Art of War*)の風刺である。『孫子の兵法』はビジネス必勝本としてアメリでは最も広く読まれている中国の古典の一つである。この『孫子の兵法』には「相手の望むものをちらつかせて相手を油断させる」という件があり、これはロバート・サーマン氏などにより、中国がチベット政府に対して「対話」をちらつかせて抗議行動を封じ、その裏側で漢人を大量にチベットに移住させてチベットの文化を最終的に殲滅しようとしていることなどが、この兵法に基づいたものであることを指摘している。

つまり、「中国は勝つためには相手を騙すことも辞さない『孫子の兵法』を採用したとしても、チベットは誰に対しても恥じることのない非暴力、すなわち平和の作法を説く」という粋な含意がこのCDのタイトルには含まれているのである。

このCDの呼びかけ人となったスティングは「あなたの愛を送って」(*Send your love*)を選曲している。

「あなたの愛を送って」　スティング

砂一粒の中に世界を見つけて
手のひらの中に無限を握りしめる
この小さな花の中にある天の領域
一瞬の時の間にある永遠
あなたの愛を未来へと送って
あなたの愛を遠い夜明けへと送って

あなたの心の中には中継局がある
未知なるものを探査する使命
わたしたちは遠い未来に一粒の種を送る
そして銀河が育つのを見ることができる

自分に何ができるかなんて迷っているヒマはない

気になっていることを隠しているヒマはない
あなたは象牙の塔から降りて来て
あなたは私たちが共有すべき世界に関わる

見てごらん　星はゆっくり動いてるけど
地球はすごい速さで動いている
見えないかい　月はとっても寂しいんだ
彼女はまだ過去の痛みに囚われているんだ

世界がぶつかり合っているこの時代
諸王国が倒れるこの時代
世界がバラバラになっていくこの時代
あなたの欲求に従う時なんだ

あなたの愛を未来へと送って

あなたの貴い愛を遠い未来へと送って
そして　あの傷ついた星をあなたの癒しの愛で正して
あなたの愛を送って
あなたの愛を送って

宗教はない　セックスと音楽があるだけ
宗教はない　サウンドとダンスがあるだけ
宗教はない　線と色があるだけ
宗教はない　神聖なるトランスがあるだけ

宗教はない　果てしない海があるだけ
宗教はない　月と星があるだけ
宗教はない　時間と動きがあるだけ
宗教はない　民族の傷だけ

大海に小石をひとつ投げ入れて見てごらん
波紋がしだいに消えていくのを見てごらん
あらゆる感情もこれと同じ
いかなる場合もこれと同じ

宗教はない　リズムの喜びがあるだけ
宗教はない　春の祭りがあるだけ
憎しみの道に宗教はない
禱りの言葉はない　僕が歌う歌があるだけ

あなたの愛を未来へと送って
あなたの貴い愛を遠い未来へと送って
そして　あの傷ついた星をあなたの癒しの愛で正して
あなたの愛を送って
あなたの愛を送って

宗教はない　セックスと音楽があるだけ
正しい宗教も勝者の宗教もない
憎しみの道に宗教はない
祷りの言葉はない　ボクが歌う歌があるだけ
あなたの愛を送って
あなたの愛を送って

“SEND YOUR LOVE”　STING

Finding the world in the smallness of a grain of sand
And holding infinities in the palm of your hand
And heaven’s realms in the seedlings of this tiny flower
And eternities in the space of a single hour

Send your love into the future
Send your love into the distant dawn

Inside your mind is a relay station
A mission probe into the unknowing
We send a seed to a distant future
Then we can watch the galaxies growing

This ain't no time for doubting your power
This ain't no time for hiding your care
You're climbing down from an ivory tower
You've got a stake in the world we ought to share

You see the stars are moving so slowly
But still the earth is moving so fast
Can't you see the moon is so lonely
She's still trapped in the pain of the past

This is the time of worlds colliding
This is the time of kingdoms falling
This is the time of worlds dividing
The time to heed your call

Send your love into the future
Send your precious love into some distant time
Fix that wounded planet with the love of your healing
Send your love
Send your love to me

There's no religion but sex and music
There's no religion but sound and dancing
There's no religion but line and color
There's no religion but sacred trance

There's no religion but the endless ocean
There's no religion but the moon and stars
There's no religion but time and motion
There's no religion just tribal scars

Throw a pebble in and watch the ocean
See the ripples vanish in the distance
It's just the same with all the emotions
It's just the same in every instance

No religion but the joys of rhythm
There's no religion but the rites of spring
There's no religion in the path of hate
And no prayer but the one I sing

Send your love into the future
Send your precious love into some distant time
Fix that wounded planet with the love of your healing
Send your love
Send your love

There's no religion but sex and music
There's no religion that's right or winning
There's no religion in the path of hatred
Ain't no prayer but the one i'm singing

Send your love
Send your love

「自分に何ができるかなんて迷っているヒマはない。気になっていることを隠しているヒマはない。あなたは象牙の塔から降りて来て、あなたは私たちが共有すべき世界に関わる」という歌詞には、この不条理な世界を仕方がないものとして肯定するのではなく、世界に関わって変革しろ、とのメッセージが込められている。

❖マドンナ「バカになれ」

独裁政権の不条理に対して「立ち上がれ」と呼びかけることは、マドンナの曲とミュージック・ビデオからも読み取れる。二〇〇八年から二〇〇九年にかけて行われたマドンナのスティッキー・アンド・スイート・ツアー（*Sticky and Sweet*）で流された「バカになれ」（*Get supid*）という曲の映像の中で、前半には、独裁者の映像が、後半には非暴力によって愛を説く聖者たちの映像が流れる。独裁者のリストはヒトラー、温家宝首相、ハメネイ師、タン・シュエ議長、マケイン（大統領選に敗北して削除）などで、一方、非暴力のリーダーたちはアウン・サン・

スー・チー、ダライ・ラマ、アル・ゴア、ガンディー、キング牧師、ジョン・レノン、マンデラ、マザー・テレサ、マイケル・ムーア、ビル・ゲイツ、U2のボノ、オバマなどである。

「バカになれ」

誰が主人で、誰が奴隷？
チクタクチクタク
バカになれ
バカになれ
立ち上がれ
時が来た
あなたの人生だ
あなたの世界だ

立ち上がれ
時が来た
あなたの人生だ
あなたの世界だ
サインを読み取る時だ
あなたの世界だ
あなたが決めるんだ
時間はない

そして映像の最後には「この惑星はあなたを必要としている」という文字が流れる。つまりこの曲は「民衆よ、非暴力で立ち上がって独裁者を倒せ！　世界を人生を取り戻せ」というメッセージを発しているのである。特にアメリカ人の映像が多いことから、二〇〇八年当時行われていたマケイン対オバマのアメリカ大統領選を意識していたことは明らかであり、具体的には武力でものごとを解決しようというブッシュのアメリカを受け継ぐマケインよりも、対話によって対立を解消しようというオバマ氏を支援することを表明したものであろう。この中で、独裁者の一人として中国の温家宝が登場するシーンには北京オリンピックに熱狂する中国人と、殴打されるチベット僧の映像が入り、そのメッセージ性は明らかである。

一九六九年、ジョン・レノンが「ギブ・ピース・ザ・チャンス」(*give peace the chance*)を作り、ワシントンに集結した学生たちがこれを歌った頃、ジョンも学生たちも強大な国家権力を前に自分たちの力をとても小さなものに感じていた。しかし、今になってこの時期を省みると、音楽も学生たちの叫びも時代を先取りしていたことは明らかである。音楽は国家権力に対して当座は無力に見えようとも、長い目で見れば多くの人々の意識を変え、ひいては現状を変えていく力がある。これは非暴力の政治闘争が不条理な暴力の前では一見無力に見えても、長い目で見るとその対象に勝利していくことととよく似ている。

フリー・チベットをテーマにした音楽や映画も、非暴力による社会運動の一環として捉えるべきであろう。

第八章

バーチャル・チベット——映画の中のチベット

侵略者に対してさえ愛と哀れみをもって語りかけるダライ・ラマは、リベラル勢力の強いハリウッドの共感を呼び、ハリウッドではチベットを直接・間接に題材とした作品が数多く作られてきた。アメリカの歴史と関係しない一つの地域が、これほどまでに取り上げられた例は他にないことを考えると、アメリカ人にとっていかにチベットが特別な存在であるかがよく分かる。

チベットを扱った作品群はいずれもチベット人の称えられるべき精神性——他者を思いやる気持ち、成熟した人格——がテーマの一環に組み込まれているため、ストーリーに深みがあり、監督の力量、資金力などが様々であるにもかかわらず、不思議なほどどの作品にも惹きつけられるものがある。

また、これらの作品から見て取れる映画制作者のチベット仏教に対する理解の正確さは、欧米に渡ったチベットの僧がいかに優秀な教師であり、西洋人がいかに熱心な弟子であったのかをよく表している。日本仏教には複雑な教学や修行体系がほとんど発達しなかったにもかかわらず、そして、寺の数はコンビニより多いと言われているにもかかわらず、日本人一人一人の日本仏教に対する理解が極めて浅くあいまいであることを考えると、チベット仏教と日本仏教の力の差は歴然としていよう。

以下にチベットをテーマにした作品を見ていこう。

❖『ゴールデン・チャイルド』(*The Golden Child*) 一九八六年　米

チベットを正面から扱ったハリウッドの娯楽大作の中でも、最初期に属する作品である。

作品の冒頭、舞台は東チベットの山中の僧院である。大きなマニ車がまわり、インドの石窟寺院風の堂内では一人の少年僧が転生僧として認定されるためのテストを受けている。一人の僧侶がいくつかの数珠を載せたお盆を持ってくる。この中から少年僧が前世者が用いていたものを正しく選び出せば、少年僧は転生者であると正式に認定されるのである。少年は盆の上の数珠を選ばず、盆を持つ僧が首にかけていた数珠を選ぶ。列席する衆僧の驚いた表情から、童子の行動が正答であることが分かる。

そして、次のテストでは何体かのインコの死体がお盆に載せられてくる。少年僧がこのうちの一羽に手を触れると、インコは蘇って羽ばたきだす。その瞬間、僧院の中に武装集団が突入してきて、衆僧を皆殺しにし、少年は檻に入れられて連れ去られる。

言うまでもないが、冒頭のシーンでインコが蘇った件は映画制作上の演出であり、実際のチベットで亡くなった生き物を蘇らせるテストは行われない。少年によって命を与えられたインコは主人公のエディ・マーフィー演じるチャンドラーを少年僧の元へと導く手助けをする。

次のシーンは舞台変わってアメリカのロサンゼルス。失踪した子供を捜す探偵のチャンドラー（エディ・マーフィー）はシェリルという少女を捜している。そのチャンドラーに一人の美しいチベット女性キーが接触し、東チベットでさらわれた少年僧を探してくれと依頼する。チャンドラーは初めキーの精神状態を疑い、その申し出を断る。しかし、チャンドラーが探していたシェリルは死体で発見され、キーが「シェリルを殺した犯人は少年をさらった人物と同一人物である」と言うに及び、チャンドラーはキーを信じるようになる。シェリルの殺害現場には壁一面にヒンドゥー語の呪文が書かれ、オートミールの中には殺された少女の血が入っていた。尋常な事件でないことは明白である。

チャンドラーはキーに導かれて入った地下の間で半人半竜の三百歳のカーラという女性と出会う。カーラはさらわれた少年僧は千年に一度、我々を救うために現れるゴールデン・チャイルドであると告げる。半信半疑のチャンドラーが「何から救ってくれるんだい？」と聞くと、カーラは「私たち自身からだ」と答える。チャンドラーはせせら笑う。しかし、カーラは続ける。

「彼は慈悲を世の中に広める。彼がいなくなればこの世は地獄になる」と。

チベット仏教に関する知識を少しでも持つ者であれば、カーラが説く、「ゴールデン・チャイルドが与える救済」とは、チベット仏教が説く「エゴからの解放」を意味していること、ゴールデン・チャイルドはチベット仏教の最高クラスの転生僧であることが知れよう。そして当時の状況を鑑みるに、この映画は、おそらくは一九八一年十一月に亡くなったカルマパ十六世の転生に触発されて作られたものであることが推測される（冒頭の即位式で童子僧がかぶる帽子の形がカルマパのものと似ている）。

カルマパ十六世は一九五九年にチベットからインドに亡命し、シッキムのルムテク寺を拠点に法を説き始め、後半生はアメリカで多くの信徒を得た。カルマパを火葬したあと灰の中にチベットに向かう足跡が現れたことから、カルマパは東チベットに転生するであろうことが早くから噂されていた。

つまり、この時代のアメリカ人は「ゴールデン・チャイルド」を見ることによって、ゴールデン・チャイルドにまだ見ぬカルマパ十七世の姿を重ね、少年をさらう悪魔に、将来起きるであろう中国の妨害を見ていたのである。

チャンドラーはチベットの僧院でアジャンターの剣（その形状はチベットの法具プルバ）を手に入れ、カトマンドゥのセキュリティ・チェックを偽の潜入捜査官を演じてくぐりぬけ、ロサンゼルス空港に着くと、警察を味方につけて待ち受けていた悪魔を、口からでまかせにやりこめた。チャンドラーがゴールデン・チャイルドを救済する「選ばれし者」となったのは、魂が綺麗であることと同時に、この言語能力の高さにあることは疑いない。

囚われのゴールデン・チャイルドもおとなしくはしていない。彼は触れるものを皆操ることができる超能力を持つため、監視人を味方に付け、チャンドラーを援護する。この映画のハイライトにおいて、悪魔は本来の姿を現してチャンドラーとゴールデン・チャイルドを追跡するが、チャンドラーはチャイルドの力を借りて、アジャンティの剣で悪魔を倒す。

現実のゴールデン・チャイルド、カルマパ十七世はやはり東チベットに生まれ、この映画の公開後数年した一九九五年にダライ・ラマ十四世にカルマパ十七世であるとの認定を受けた。しかし、チベットに生まれたため中国政府の監視の下に置かれ、愛国教育を施された。中国はこの少年をダライ・ラマに対抗する存在に仕立てあげ、本土チベット人の人心を掌握しようとしたのである。

しかし、一九九九年の十二月三十一日警備体制がゆるんだ隙を突いて、十四歳になったカルマパはインドへと亡命を果たし、二〇〇〇年初頭の新聞各紙はダライ・ラマ十四世とカルマパのツーショット写真で飾られた。このカルマパ十七世のダライ・ラマの元への亡命は、中国政府にとっては大打撃であり、国際社会にとっては伝統あるチベット仏教の宗派の長が社会主義の圧政をはねのけ自由社会に逃れ出た喜ぶべき出来事であった。つまり、現実のゴールデン・チャイルドも映画さながが

作品名：『ゴールデン・チャイルド』DVD
発売元：パラマウント ジャパン
価格：1,500円
発売日：2007年11月12日

らのドラマティックな人生を送っているのである。

成人したカルマパ十七世はダライ・ラマの訓育を受けながら、二〇〇八年に初のアメリカ訪問を果たし、以後も多忙なダライ・ラマ十四世に代わって数々の式典において主賓の役割を果たしている。

❖『リトル・ブッダ』(*Little Buddha*)一九九三年　米

本作品はベルナルド＝ベルトリッチ監督のオリエンタル三部作の最後の作品である。三部作とは、中国最後の皇帝・溥儀の生涯を描きアカデミー賞を受賞した『ラスト・エンペラー』、イスラーム・オリエンタリズムを扱った『シェルタリング・スカイ』そして、最後がこのチベット仏教の転生思想をテーマにした『リトル・ブッダ』である。

ストーリーは以下のようなものである。

ある日突然、シアトルに住むディーンとリサ夫婦のもとにチベットの高僧ラマ・ノルブが訪れる。そして、彼らの幼い息子ジェシーがアメリカに布教中に亡くなったラマ・ドルジェの生まれ変わりの可能性がある、と告げる。混乱する両親を尻目に、ラマ・ノルブはジェシーに釈尊の伝記を描いた絵本を置いていく。

そして絵本の中の釈尊の生涯をジェシーが読み進んでいくにつれ、この夫婦も金や名誉によっては心の平安を保てないことに気づき、死生観を変えていく。最初は懐疑的だった父のディーンも仏教に触れるうちに次第に考え方を変え、ラマ・ドルジェの転生者を選ぶ儀式を受けるためにジェシーを連れてブータンに飛ぶ。釈尊伝によって西洋人が自らの不安の原因を知るというのは、百年来変わりない釈尊伝と西洋人の関係である。

ブータンの僧院でディーンはチベットの小坊主たちに囲まれた白人の我が子を見ながら、転生という概念に基づけば、人種や性別や現世における貧富の差異は無化し、あらゆる命あるものが明日の自分の姿であることに気づく。さらにその命あるものの中には人間ばかりか動物も含まれることは、作中で語られる山羊とバラモンの寓話に示されている。

昔インドの古い村にバラモンと山羊が住んでいた。
バラモンは山羊を神々への生け贄にしようとした。
すると突然山羊は笑い出した。

バラモンが驚いて「なぜ笑うのか」と聞くと、山羊はこう言った。

「今まで四百九十九回山羊にばかり生まれ変わってきたが、今度死ねば人間に生まれ変わるからです」

山羊はそう言うと今度は泣き始めた。

バラモンがその理由を聞くと、山羊はこう答えた。

「あなたが可哀想で泣くのです。私は五百回前の生ではあなたと同じバラモンでした。しかし、山羊を生け贄に捧げたので、山羊に生まれたのです」


『聖書』には、人間は神と同じ姿に作られ、動物は人間の食べ物としてその前の日に創造されたと記されるため、キリスト教徒には人を動物より優ったものと考えるきらいがある。一方、東洋の輪廻思想は動物と人間の境界すら曖昧にし、明日は我が身の存在にしてしまうため、輪廻を信じる人々はあらゆる命あるものを自らと同じもののように慈しんで殺生を避けて生きようとする。

ベルトリッチはこの作品をもってオリエンタル三部作を完結した。最後の作品で東洋起源で西洋に根付きつつあるチベット仏教を扱うことによって、ベルトリッチは東洋から西洋への帰還を果たしたのである。

この映画のもう一つの見所は、チベット仏教の説く「再生」ばかりでなく、「死」をも描いたことである。ラマ・ノルブはラマ・ドルジェの転生を認定するという大役を終えると結跏趺坐を組んで死の瞑想に入る。やがてその姿勢のままでノルブの呼吸は止まるが、意識は死の光明の中にあるため体は腐らない。しかし、数日後にノルブの体にハエがとまったことによって、ラマ・ノルブに本当の意味での死が訪れたことが知れるのである。

このラマ・ノルブの死の有様はチベットの高僧の死に際に起きる現象を描いたものである。そのようなチベットの高僧の臨終の姿を西洋に紹介した著名なソギャル・リンポチェは、この映画にラマ・ドルジェの弟子の役として出演している。

この劇中劇の中で若き日の釈尊を演じるキアヌ・リーブスは、父方の祖先にハワイアン、中国、アイルランド、ポルトガルなどの様々な血統が入っているため、エキゾチックな風貌を持つ。いまだ東洋系とも西洋系とも人種の特定できていない釈迦族の王子を演じるのにキアヌは適役であったと言えよう。

音楽はオリエンタル三部作全てを通じて坂本龍一が担当し、脚本家の一人ルディ・ウーリッツァーはコロンビア大学で哲学を修めた後、世界放浪の旅をしたカウンター・カルチャー世代である。

❖『クンドゥン』(*Kundun*) 一九九七年　米

一九九七年には、ハリウッドでダライ・ラマの前半生をテーマにした作品が二本作られた。一つは『ダライ・ラマ自伝』に基づいてダライ・ラマの誕生から亡命までの半生を描いた『クンドゥン』、もう一つはダライ・ラマと実在のオーストリアの登山家ハインリッヒ・ハラーの交友をテーマにした『セブン・イヤーズ・イン・チベット』である。

『クンドゥン』はチベット語でダライ・ラマの尊称「猊下」(sku mdun)を意味する言葉であり、チベット語そのままのタイトルが示すように、チベット人の視点から亡国の悲劇を描いたものである。スタッフはチベット支援で名高いセレブリティで固められており、監督は宗教と暴力をテーマにした作品で名高いアカデミー賞監督マーチン・スコセッシ、脚本はハリソン・フォードの妻(当時)メリッサ・マシスン、音楽はチベット・ハウスの創設者の一人であるフィリップ・グラスが担当した。

『クンドゥン　< HD ニューマスター版>』DVD 発売中　¥3,990（税込）
発売・販売元：東北新社　©1997 TOUCHSTONE PICTURES

『クンドゥン　＜HDニューマスター版＞』
DVD発売中　￥3,990（税込）
発売・販売元：東北新社
©1997 TOUCHSTONE PICTURES
＊情報は2010年2月時点でのものです

映画の前半には平和な時代のチベットを、後半は共産中国の軍隊がチベットを侵略する過程を、若き日の苦悩するダライ・ラマ十四世の姿を通じて描き出している。終盤近くになると、ダライ・ラマがラサを脱出してインドに亡命するまでの劇的な場面に「友を愛する気持ち、敵を憎む気持ちのいずれも実体はない。この煩悩から自我を解放することこそが、真の解放である」というシャーンティ・デーヴァの『覚りへの道』を読むダライ・ラマの声がオーバーラップする。このシーンは、ダライ・ラマの説く「自我からの解放」（覚り）に比し、中国が軍事力によって押しつけてくる「（帝国主義からの）解放」がいかに浅薄で不要なものであるかを対照的に示す効果がある。

本作品はチベットでの撮影が不可能であったためモロッコにセットを作って撮影し、配給元のディズニーも中国政府より様々な圧力を受けた。『タイタニック』と同年に封切られたため興行的には成功しなかったが、製作から音楽までスタッフは一流であり、チベットを描いたハリウッド作品の中では文句なしの最高傑作である。

❖『セブン・イヤーズ・イン・チベット』(*Seven Years In Tibet*) 一九九七年　米

『クンドゥン』がダライ・ラマの自伝に基づき、チベット文化の文脈の中で亡国の悲劇を描いたこととは対照的に、同年発表された『セブン・イヤーズ・イン・チベット』はチベットの最後の日々を亡命者であるオーストリア人、ハインリッヒ・ハラー(Heinrich Harrer)〔一九一二―二〇〇六〕の視点から再構成したものである。

映画の冒頭、ハラーはヒマラヤに行くためであったら、身重の妻を捨てナチスの広告塔にでもなる身勝手な野心家の男として描かれる。その後、ハラーは国威をかけた登頂に失敗し、さらにはイギリス軍の捕虜となってヒマラヤの麓のデラドゥンの収容所に送られる。そして何度目かの試みの後に脱走に成功し、当時中立地帯であったチベットに転がり込む。ハラーはチベットで幼少のダライ・ラマ十四世と交流を重ねるうちに、自分がいかにエゴに基づく卑しい行いをとっていたかに気づき、ダライ・ラマにオーストリアに残してきたまだ見ぬ我が子を重ねるようになっていく。

やがて一九五〇年に中国の侵攻が始まり、ハラーは追われるようにチベットを後にする。故郷オーストリアに戻ると妻は再婚しており、七歳になった息子は当然のことながら彼を拒絶した。しかし、続くラストシーンではハラーが息子と共に登山するシーンが映し出され、父子が互いを認め合ったことを知る。エンディングにおいて、山頂のハラー父子の傍らにはチベット旗がはためき、ヨーヨー・マ（Yo-Yo Ma, 馬友友）のチェロが流れ始める。その上に「中国のチベット占領により、多くのチベット人が殺され、僧院が破壊された」というタイトル・ロールが流れていく。

この映画のテーマとなっている魂の成長物語は、単なる秘境探訪の報告に終始した原作にはない部分である。そのためこの映画はハラーのチベット滞在記を単純に映画化したというよりは、現代人がチベット仏教に接することによって、エゴの醜さに気づいて成長していく過程を、ハラーに託して描いたものと言える。後日談であるが、ダライ・ラマは亡命後ハラーと再会し、ハラーが亡くなるまで二人の友情は続いた。

この作品もむろんチベット本土での撮影は不可能であったため、チベットに景観がよく似たアルゼンチンにセットが作られた。ヨーヨー・マの演奏するサントラは名曲であったため、後にいろいろなところで使用されることとなったが、ソルトレイクシティで開かれた冬季オリンピックの際、フィギュアの龐清・佟健ペアがこの曲をそれと知らずに採用し、リハーサルでそれを指摘され本番直前になって曲を差し替えた結果、優勝を逃したというエピソードがある。

ダライ・ラマの若き日を描く以上二つの映画は、中国のチベット侵略の不義を告発し、チベット文化の優れた道徳性を示すことを共通のテーマとしており、いずれの作品からも関係するスタッフのチベット仏教に対する深い理解のレベルが看取できる。二つの映画ともチベット難民社会が総出でこの映画の製作に協力し、エキストラには本物のチベット人が参加し、幼き日のダライ・ラマの母親役としてダライ・ラマの実妹ジェツゥン・ペマ氏も出演している。監督から音楽に至るまで全て一流のメンバーが結集して製作されたこれら二作品は、ハリウッド産のチベット映画の最高峰であると言ってよい。

『セブン・イヤーズ・イン・チベット』
Blu-ray 4,935 円　発売元：角川映画
販売元：ジェネオン・ユニバーサル・エンターテイメント　1997 mandalay Entertainment All Rights Reserved.
＊情報は 2010 年 2 月時点でのものです

❖『シュウシュウの季節』（*Xiu Xiu*）一九九八年　米

中国系アメリカ人、ジョアン・チェン監督（Joan Chen）の初監督作品である。

四川省の成都に住む十五歳の少女シュウシュウ（秀秀）は、文化大革命の末期、地方の農村に下放された。ある野外映画会の際、上司に体を触られたシュウシュウが抗議をしたところ、チベット人の牧民ラオジンの下へと送られる。ラオジンは若い頃騒ぎを起こした罰に断種刑を受けて男性機能を失っていたため、セクハラを潔癖にはねつけたシュウシュウに対するいやがらせであった。シュウシュウはチベット人の牧民の生活を嫌い、成都に帰りたいと泣き、ラオジンは困り果てながらも、シュウシュウが快適に暮らせるようにと何かと心を配る。

やがて文革は終わるが、コネも金もないシュウシュウの下には帰還の命令は来ない。思いあまったシュウシュウは地域で少しでも力を持っていそうな男を見ると身を任せ成都に帰してくれと頼むようになっていく。ラオジンはシュウシュウを諭し、男たちを追い払うが、シュウシュウは言うことを聞かない。やがてシュウシュウは父親の分からない子供を宿し、ラオジンへ「殺してくれ」と迫る。

断種された男ラオジンは言うまでもなく支配されて「主権を失ったチベット」を象徴している。ラオジンはいかに目の前にいる少女を救いたいと思っても、正義を実現したいと思っても「去勢された男」であるが故に非力である。

この物語は文化大革命の犠牲者がラオジンのようなチベット人やシュウシュウのような名もなき中国人であったことを示すと同時に、同じ被害者の中でも、チベット人のラオジンは純粋にシュウシュウの幸せに心を砕いているが、シュウシュウはそれに感謝することもなく、ただ都市生活に戻りたいとわめきちらす姿を対比的に示すことで、チベット人と中国人のメンタリティの違いを描き出すことに成功している。

❖『風の馬』（*Wind Horse*）一九九八年　米

天安門事件以後の締め付けが厳しくなったチベットにおいて、本土のチベット人がどのような状況に置かれているかを描いた映画である。

主人公のドルカはナイトクラブで中国語の歌を歌って生計をたてている。漢人男性を恋人に持ち、その恋人のつてで全国デビューも決まっており、つまりは、現実にたくましく適応して生きている。一方、兄のドルジェは仕事もせず酒に溺れる日々。この兄妹の設定は中国支配下にあって、中国に同化して生きるチベット人と、同化を拒否するチベット人とをそれぞれ象徴している。

そして事件が起きる。兄妹の従姉妹である尼僧ペマの僧院に警察が訪れ、ダライ・ラマの写真の掲示を禁止する。ダライ・ラマを深く敬愛するペマの心は暗く沈み、ラサの目抜き通りで口にすれば最後の言葉を叫んでしまう。

「チベットに独立を！」

逮捕、投獄、殴打とお決まりのコースの末に、瀕死の状態になったペマは、ドルジェ・ドルカ兄妹の家に引きとられる。兄妹の父親は言う。「あいつら自分で殴っておきながら、目の前で死なれるのは嫌なんだ。本当に慈悲がない」この言葉は、慈悲の化身である観音菩薩が去ったチベットを象徴的に示している。拷問で受けた傷によりペマは死に、兄ドルジェも妹ドルカも前の暮らしに戻れなくなっている自分に気づく。

近所のお坊さんが密告屋だったり、尼僧に暴力をふるう看守がチベット人だったり、主人公の祖母が、孫娘が漢人のボーイフレンドを連れてきた時にはそっけないが、チベット語をしゃべるアメリカ人の女性には愛想がいいところとか、街頭に設置された監視カメラとか、とにかく現在のラサの状況が怖いくらいにリアルに描き込まれている。何より尼僧ペマが看守に向かって「あなたもチベット人ならダライ・ラマ法王を敬愛しているでしょう？ 私たちチベット人が争えば喜ぶのは中国人よ」と叫んで、死に至る暴行を受けることは、その看守が痛い真実を言い当てられて暴行に走っていることが分かり、いたたまれない。

「風の馬」（ルンタ）とは、チベットの風景に欠かせない祈りの旗（タルチョー）に刷られる神馬のことである。この映画において風の馬（ルンタ）は「チベット人の魂」を寓意しており、ルンタを背景に流れる冒頭のナレーションは、この映画のテーマを示している。

『風の馬』1998年
画像提供：アップリンク

ここでドルジェは祖父の言葉を語る。「ルンタが力を取り戻すためには、もうルンタが力を失ったと諦めずに、その力を信じることだ」と。つまり、『風の馬』のテーマは、反骨の祖父から同化の進んだ孫たちへ届けられる「チベットの魂を諦めるな」というメッセージなのである。

監督のポール・ワーグナーは低予算に泣いたためモロッコやアルゼンチンにセットをつくる

余裕はなく、ラサで無許可で撮影し、ディスコのシーンやペマが「チベット独立」を叫ぶシーンも、カトマンドゥにセットを作ってのゲリラ撮影であった。

❖『キャラバン』(*Himalaya*) 一九九九年　仏

監督エリック・ヴァレが自らがフィールドとするドルポ地域（ネパール領）を舞台にして共同体の崩壊と再生を謳った作品である。アカデミー賞の外国映画賞にノミネートされ、他にも多くの映画賞を受賞した名品である。

物語の冒頭、ドルポの族長が事故で死ぬ。村人たちは故人の友人だった若いカルマにキャラバンを統率する役を任せようとするが、亡くなった族長の父ティンレーはカルマが族長の座を欲しさに、息子を殺したと思いこんでいるためそれに反対し、息子の忘れ形見である十歳の孫に族長の座を継がせろと要求する。村人たちが十歳の子供にキャラバンを任せるわけにはいかないと反対すると、ティンレーは僧院に入ったもう一人の息子ノルブのところに出向き「還俗して族長の座を継げ」と迫る。

ノルブはもちろん出家の身なので断るが、父親の言動に危うさを感じて心配になって村に戻る。そのような混沌とした状況の中、若いカルマは「冬が来る前に峠を越えねば」と僧によって定められた吉日をあえて無視してキャラバンを早めに出発させようとする。カルマの伝統を無視した行動に村の年寄りたちは反発し、ティンレーに従うことを決める。こうしてカルマに率いられた若者たちのキャラバンが先に出発し、ティンレーが率いる高齢者のキャラバンが僧の指定した吉日に旅立つ。ティンレーのキャラバンには十歳の孫、老いた父を心配する僧ノルブもつきそっている。ティンレーは危険な近道を通って、先発していたカルマ率いる若者たちのキャラバンに追いつき、村人たちはいまだ衰えぬティンレーの統率力に感服する。

その晩、ティンレーは明日嵐が来ると告げ、カルマは嵐は来ないと主張し、再び意見は割れる。村人たちはみなティンレーの経験を信じ従ったため、孤立したカルマは意地を張って一人残留する。嵐はやはり到来し、あやうく遭難しかかったカルマはティンレーによって救われる。

この作品はどこの世界にでもある新旧交代の際に起きる葛藤と、それが収まるところに収まっていくまでの過程を、一つのキャラバンの旅路を追うことによって表現した物語である。若い族長の死、それによってもたらされた共同体の不安と動揺、カルマも、ティンレーも、始めは目先のことにとらわれて、怒り、嘆き、正しい判断ができない不完全な存在である。しかし、キャラバンが進んでいくにつれ、要所要所で発される僧ノルブの言葉や、道行きから生まれる一体感から、世代間の葛藤、感情的なわだかまりは調整されていき、やがてあるべきところに定まっていく。

美しいヒマラヤの自然を背景に、一度分断した共同体がその構成員自身の力でたくましく生まれ変わっていく姿に、チベットの社会は我々の社会より遥かに健全で豊かであることに改めて気づかされる。

❖『ザ・カップ　夢のアンテナ』（*The Cup*）一九九九年　豪・ブ

監督はチベット仏教の大学僧ジャムヤンケンツェ（'jam dbyangs mkhyen brtse［一八二〇―九二］の転生者ケンツェノルブ（mkhyen brtse nor bu［一九六一―　］氏であり、転生僧が監督した初めての映画ということでも話題になった。原題はチベット語で「お椀」を意味するphor baで、英語の題名『カップ』（邦題『ザ・カップ　夢のアンテナ』）はこの「お椀」の意味と、サッカーのワールド・カップの「カップ」を掛詞にしたものである。

物語の舞台はブータンに再建されたチベットの僧院の一つである。チベット仏教、特にゲルク派では、僧侶は生涯戒律を護り独身を通す。そのため、僧院は静かで厳格な雰囲気を持つと思われがちであるが、この映画が示しているように、チベットの僧院生活は意外に家庭的で温かく、笑いにあふれている。

物語の主人公は、ワールドカップ見たさに夜な夜な僧院を抜け出してテレビを見に行くやんちゃな少年僧ウゲンである。サブ・キャラクターとしてはチベットから亡命してきたばかりでホームシックにかかっている幼年僧、勤行の時に寝てばかりいる怠け者の僧、遊行者など、総じて徳高いとは言えない僧ばかりが登場する。その中にあってゲコ様（ゲコとは僧院の規律を預かる役職名）は文句なしの高僧であるが、ゲコ様はウゲンに対してじつに優しい。ゲコ様はお世辞にもまじめとは言えないウゲンにも「修行僧がテレビ観戦なんて、不謹慎だ」「お前はダメなやつだ」などとは決して言わない。それどころか「この子はいい僧になる」と言うのだ。確かにウゲンは勉強は嫌いだが、ホームシックの幼年僧に何くれとなく世話を焼くいい子である。そして、ウゲンもゲコ様同様「お母さんを忘れられないなら、家に帰れ」などと弱いその子に向かって言ったりしない。

チベット仏教では僧院は広く大衆に門戸を開いており、多くの人間を僧にしようとする。しかし、全ての僧が研究や瞑想に向いているわけではないため、一部の僧が学問や修行で名を成す他は、多くは寺の雑役に従事して生涯を終えることとなる。

つまり僧院にはゲコ様のような修行と哲学を極めた完璧な人格者少数と、お寺をまわしていくその他大勢の「善良な人々」がいるのだ。その他大勢の僧は勉強をやめた後でも、女性と関係を持つ、殺人を犯すなどの重大な戒律違反を犯さない限りは、寺から追い出されたりはしない。四角四面の規則で人を縛り、それに合わない者を罰したり、追放したりする現代型の組織とは異なり、チベットの僧院は排除よりは包容の力が働くコミュニティなのである。

この映画の最後も、夜中にウゲンが僧院を抜け出してテレビを見に行かなくてもすむように、僧院でアンテナを立てて皆でワールドカップの決勝戦を観賞するという大団円。僧侶の何気ない日常を描いているにもかかわらず、見る者を軽快で明るい気持ちにさせてくれる珠玉の作品である。

チベットの僧院社会が、国を失おうともグローバル化の波に洗われようとも、なぜ現在も生き延びているのか、この作品がその理由の一端を示していよう。いろいろな世代のいろいろな人間、それも男ばかりが、幼年期から老衰して死ぬまで暮らす僧院という社会は、大きな家族のようなものなのである。チベットの僧院社会を封建社会などというマイナス・イメージでしか捉えられない人には特に鑑賞をお勧めしたい一作である。

❖『バレット・モンク』（*Bulletproof Monk*）二〇〇三年　米

ジョン・ウーが監督し、香港のアクション・スター、チョウ・ユンファが主人公であり、原題がバレット・プルーフ・モンク（防弾坊主）とくれば、チョウ・ユンファが拳銃をバンバン撃ちまくって敵を倒すアクション映画と思う人は多いであろう。しかし、その期待は鮮やかに裏切られる。チベットが関わる限り、暴力が礼賛されることはなく、テーマはやはり「魂の成長」なのである。

チョウ・ユンファ演じるチベット僧は不老不死である。世界を支配する力を持つという万能の巻物の護り人になった六十年前より、死なない、老いない、病まない、無敵の坊主となっているからである。そのチョウ・ユンファから巻物を奪おうとする悪役は、陰謀史観の定番でナチスの残党である。チョウ・ユンファが不老不死で颯爽としているのとは対照的に、ナチスの残党は醜悪な老人である。

『バレットモンク』発売元：ショウゲート／アミューズソフトエンタテインメント　税込価格：3990円

ナチスは部下に命じてあらゆる汚い手を使いチョウ・ユンファを殺そうとするが、チョウ・ユンファは銃やカンフーで人を殺すことはなく、丸腰のまま余裕で攻撃をかわし、笑顔で敵を諭すのである。そして、さえないスリの白人男カーと〝バッドガール〟ジェイドを、ワルぶってはいるものの魂の綺麗な若者たちであることを見抜き、彼らを更正させ、教育し、最後に巻物の番人の座を譲り渡す。慈悲をモットーとして非暴力をもって戦い、さらに周りの者に魂の成長を促していくこのチョウ・ユンファのキャラクターが、チベットの高僧をイメージした上で作られたものであることは疑いない。

ラストに巻物の番人の座を降りたことにより相応に年をとりはじめたチョウ・ユンファが人混みの中に消えていくシーンには、もの悲しい中にも爽やかな風が吹き渡る。

❖『二〇一二』(2012) 二〇〇九年　米

マヤの暦によると世界は定期的に破滅を繰り返し、中でも二〇一二年は太陽の爆発によって世界が破滅する年とされる。本作はこのマヤの暦が予言していた破滅が二〇一二年に起きることによる人類のサバイバルを描いたパニック映画である。

二〇〇九年、インドの若い科学者が太陽から発せられるニュートリノによって地球が電子レンジの中に置かれたように熱せられていることを発見し、このままでいくと地殻は崩壊して、世界が破滅することが判明する。この情報を得た各国首脳は協力して、来るべき破滅の日の後も文明を生き延びさせるために、極秘裏に計画を立ち上げる。

その計画とは、チベットの谷において現代版「ノアの方舟」を造るというプロジェクトであった。この方舟には聖書の方舟同様に様々な種の動物が番《つがい》で乗せられて、科学者、技術者などの新しい世界において文明を維持していく上で必要な人材、また、このプロジェクトのパトロンである世界中の大金持ちが乗船を許されることとなった。

つまり、ほんの少数の選ばれた人のみが終末の日に方舟に乗ることを許され、残る大多数は死ぬことが決定したのである。方舟に乗れない人がパニックを起こして計画が挫折しないように、来るべき終末の日は固く伏せられ、世界のトップレベルの人のみしか知ることはなく、秘密を漏らそうとしたものはたとえルーブル美術館の館長であっても「抹殺」される。

表面的な映画の見所は、VFXを駆使して描かれる世界の崩壊の姿と、その中を常に紙一重でかいくぐって逃げ抜ける主人公のジャクソン一家のサバイバルである。

しかし、この映画のテーマはもっと深いところにある。それは、ダニー・グローバー演じる最後のアメリカ大統領が津波で運ばれてきた空母J・F・ケネディに押しつぶされて死んだり、人類の命運を賭けた方舟にアメリカ大統領専用機エアフォース・ワンが突っ込んできて人々の命を危うくするというシーンに象徴されているように、現在の文明に対する批判である。

そして、人類がただ種として生き延びるだけではなく、「人として」生き延びなければいけないというメッセージが何度も発せられる。そして、この深いテーマを紡ぎ出すために重要な役回りを果たすのがチベット人である。

チベット人がどのような役割を果たすかを述べる前に、主人公のジャクソン一家について簡単に紹介する。ジョン・キューザック演じるジャクソン一家の父親は、売れない小説家であり、小説では食べられないのでロシア人富豪の運転手をしている。二人の子供の親権を離婚した妻に取られていることから、たぶんよい父親でもないのであろう。つまり、この父親は方舟に乗れるような才能も、経済力もない、市井の普通のダメお父さんなのである。しかしジャクソンは子供と共に生き残るために壮絶な戦いをし、いろいろな運にも助けられてチベットの谷間に建造されている方舟まで辿り着くことができる。

ジャクソン一家の運とは、まず、X-Fileのローン・ガンメンを彷彿とさせるヒッピーくずれのチャーリーに出会い、世界の終末と政府の陰謀についての知識を得たことである。その時は半信半疑であったが、雇い主のロシア人富豪一家がアメリカから逃げ出すのを見て、チャーリーの言うことが真実であることを確信する。

ジャクソンは、間一髪で崩壊するロサンゼルスから子供たちを救い出し、双発機で死地を脱する。そして、ラスベガスでロシア人富豪と合流して、ロシアの輸送機でロシア人のサバイバル能力に助けられながら方舟があるチベットの谷まで行き着く。

しかし、一人あたま十億ユーロの乗船券はロシア富豪に買えてもジャクソン家の父親には買えない。彼らを拾いに来た中華人民共和国の解放軍はロシア人富豪と二人の子供は連れて行って、ジャクソン一家を放置する。

ヒマラヤの山中に放置された彼らを救ったのは、他でもないチベット人であった。チベット人のテンジンは自分たちが作っているのが破滅の時を乗り切るための船であることに気づき、僧である弟ニマと祖母を方舟の動物居住区に潜り込ませて救う計画を立てていた。ジャクソン一家はこのテンジンたちに拾われたのである。

テンジンは初めジャクソン親子を足手まといとして見捨てて行こうとするが、テンジンの祖母は「わたしたちの奉じる仏教の教えではあらゆる命あるものを救えと言っている」という一言で計画に加えられる。お金を持っているか否かで避難民を選別する中国軍人に対して、チベット人は通りすがりのアメリカ人を慈悲によって救い上げるのである。制作者が両文化に対比的な構造を持たせていることは明らかであろう。

津波はいよいよヒマラヤにまで達し、アメリカの大統領補佐官はまだ多くの人が乗船を終えていないうちに、方舟のゲートを閉めようとする。

パニックを起こす人々をブリッジから見ていたキウェテル・イジョフォー演じる若い黒人の科学者は「もし我々がここで彼らを見放したなら、我々は子孫の代にこの日のことをどのように語り伝えるのか。人が助け合うことをやめたら人間性を失うことになる」とヒューマニズムを説く大演説をし、各国首脳もそれに賛成して再びゲートは開く。

方舟に乗船を許可されているのは、才能や特殊技能を持つ人、あるいは経済力、あとはコンピューターが判断した遺伝子を持つ人々である。つまり、彼らを選別したのは人知である。一方、運によって乗船に導かれたジャクソン一家は、ある意味人知を超えた何かによって選ばれた家族とも言える。この計画を推進しているアメリカ大統領補佐官が現在世界中を支配している物質主義の側の代表だとすると、チベット人がそれを超越する視点を代表するものであることは明らかであろう。

ニマの師僧はこの世界の破滅を前にしつつもそれを静かに受け入れて津波に呑まれていく。彼は最後にヒマラヤの僧院から終末の鐘を鳴らす。『二〇一二』のポスターの構図は崩壊していく世界をヒマラヤの頂から見下ろす一人のチベット僧の後ろ姿を合わせたものである。もみくちゃになる下界の世界に対してチベット文化の不変性を対比させることを狙ったものであろう。

師僧とニマの囲む茶席が日本風であったり、師僧が終末の時につく鐘が日本の梵鐘であったり、おかしな点も多々あるが、他者を自分と同様に思いやること、この精神をチベット人の口から語らせていることから、制作者はチベット文化のエッセンスは理解していることが分かる。

❖画面のすみの〝チベット〟

チベットを直接テーマに扱っていない作品の中にも「チベット」が小道具に使われている例は多数ある。例えば、一九九六年に封切られた娯楽大作の『インデペンデンス・デイ』（*Independence Day*, 1996）の作中で、アメリカ大統領の机の上にダライ・ラマ十四世と大統領のツーショット写真が飾られていた。本作品中で大統領は好意的に描かれているため、この写真は明らかに大統領を魅力的に見せるための小道具の一つである。

K2での救助活動をテーマにした『バーティカル・リミット』（*Vertical Limit*, 2000）では、老登山家が主人公を救うために敵役の大富豪と共に自らザイルを切ってクレバスへと落下していくシーンで、チベットの観音真言「オンマニペメフン」を唱える。これは、映画の作者が我が身を犠牲にして人々を救う観音菩薩の生き様をきちんと理解していることを示している。

コメディ映画『デンジャラス・ビューティー』（*Miss Congeniality*, 2000）の作中では、サンドラ・ブロック演じるFBI捜査官がミスコンに潜入捜査して舞台に上がらざるを得なくなった際に「ダライ・ラマ、ダライ・ラマ」と唱えて緊張を解くシーンがある。これは、「ダライ・ラマ」の名がアメリカの日常生活でおまじないに用いられるまでに浸透していること、また、心の安寧の象徴とみなされていることを示している。

ヒューマン・ドラマ『アップタウン・ガールズ』（*Uptown Girls*, 2003）の中でも効果的にダライ・ラマは登場している。親の遺産で何不自由なく暮らしていた世間知らずの金持ち娘（アップタウン・ガール）モリーが、会計士に遺産を持ち逃げされ突然無一文になり、働かねばならなくなる。この映画は、モリーがダコタ・ファニング演じる孤独な少女レイの子守をすることを通じて共に成長していく過程を追ったものである。モリーの履歴書の推薦人欄には「ダライ・ラマ」が、「推薦人の連絡先の国名・チベット」と記されており、このシーンはモリーの世間知らずを示すと同時にダライ・ラマがアメリカの裕福な層（アップタウン）のスターであり、制作者がチベットの独立を希求していることを示している。

このように、映画の中におけるチベット・イメージは、高潔な理念、心の安定、自己犠牲など、なべて美しいものであることが看取できるのである。

結論

チベット文化が現代に持つ意味

結論

チベット文化が現代に持つ意味

歴史を通じてチベット仏教は同時代で最も豊かで指導的な王朝の高位の人々の心を摑んできた。モンゴル帝国が世界を席巻していた時代には、モンゴル人の王侯たち、満洲王朝・清が東アジアで覇を唱えていた時代には満洲皇室が施主となり、帝国主義の時代には、大英帝国の小説家たちがチベット僧を称え、フランスの詩人たちがチベット僧に恋い焦がれていた。

一九一九年、フランスの詩人ヴィクトール・セガレン（Victor Segalen）［一八七八―一九一九］は、「いつかわたしはラマ僧になってみようか」という詩を遺してアヘン中毒で死んだ。それから六年後、一九二五年の『シュルレアリスム革命』第三号に、アンドレ・ブルトンを始めとするシュルレアリスムの詩人たちが連名で、左手に「ローマ教皇への上奏文」、右手に「ダライ・ラマへの手紙」と称した文を発表し（起草はアントナン・アルトーである）、キリスト教への決別、ダライ・ラマへの帰依が謳われた。

おお、偉大なるラマよ。我らは御身のこよなく忠実な下僕。穢れたるヨーロッパ人の心にも通じうる言葉をもって、我らに光を与えたまえ、さし向けたまえ。必要とあらば、我らの精神をも変革させたまえ、人間精神が永遠の苦悩を脱するあの完ったき頂へと、我らの心を向わしめたまえ。

我らを慣習に溺れぬ精神に、精神のなかで真に氷結したひとつの心に作りなしたまえ。さもなくばひときわ穢れなき慣習、もしそれが真に自由にふさわしきものならば、御身の慣習にしたがう精神につくりなしたまえ。

我らは狷介な法王、文学者、批評家、犬どもにとり囲まれている。我らの精神は犬どもと見境いがつかなくなった。ひたすら地に這うて思考し、現在の拭いがたき泥にまみれて思考する犬どもと……。

教えをたれたまえ、ラマよ。肉体というこの重き物質を大地から浮遊させるすべを。大地にしばりつけられた我が身を大地より解きはなつすべを。

何となれば、御身こそは、我らが思い描く魂の透明なる解脱、精神のなかの精神の自由をこよなく知るものだからだ。おお、寛容なる法皇、真の精神に抱かれたる法皇よ。

我は内なる眼をもって、内なる頂きに立ち、御身を仰ぎみる。おお、法皇よ、内なるが故にこそ、我は御身に似る。我は浮力、観念、唇、浮脱、夢、叫喚、観念の放棄。

あらゆる形相のただなかに吊されしもの、そして、もはやひたすら風のみを希うもの（『シュルレアリスムの資料』より）。


このように、第一次世界大戦後のフランスにおいて、現実社会に倦んだ悩める詩人たち、カソリック教会が社会で持つ存在感を重苦しいと感じる人たちは、仏教徒、それもチベット僧（ラマ僧）になることに憧れていた。

シュルレアリストたちのチベット仏教に対する理解は、彼らが好んだ夢、神秘、超能力などの視点にそってなされたかなり偏ったものであったが、一つ言えることは、彼らが古い社会の因習から解き放たれて自由に思考したい、また、彼らの抱えていた懊悩から自由になりたいと思う時、ラマ僧になりたいと望んだことは、まんざら的外れではないということである。

チベット仏教の僧院では入門と同時に論理学を身につけることが課され、その論理を用いて様々な哲学のトピックを徹底的に検証し、どこから見ても矛盾のない結論に到達する訓練を行う。そして仏教哲学についての理解が一通り終わった後は、その智慧を意識の上に実現するべく実践修行に入ることが推奨される。こうして修行課程から落ちこぼれずに最後までやりとげた僧は、極めて知的で円満な人格を身につけることとなる。従って、もしセガレンやアルトーがチベット仏教を正確に理解し実践する能力があったとするならば、サーマンやマチウ・リカールのように幸福な人生を全うしていたかもしれない。

一九五九年にチベットが失われると、西洋とチベットを隔てていた距離は事実上なくなった。チベットの高僧たちは僧院を失い、財産を失い、国すら失って一難民となってインドへと逃れてきた。そして西洋人の若者たちは難民キャンプの雨漏りのするバラックの中に比類ない人格者の集団を見いだしたのである。高僧たちは彼らをありがたそうに見せる大僧院の宝座も立派な調度も全て失っていたが、身についた人格の輝きは覆うべくもなかった。

チベットの高僧たちから仏教を学び始めた西洋の若者たちは再び驚くべき事実に出くわす。高僧たちは仏教を学ぶ西洋人たちに改宗を迫らなかったのである。仏教はエゴを否定するため、自分がいかに真理であると思う教えでも他者に押しつけたりはしない。例えば、ダライ・ラマは講演の際に「今信じている宗教を捨てて自分の教えを信じろ」などと迫ったことはかつてない。それどころか、「もし自分の言うことが理解できないのなら、私の言ったことはこの場で忘れてください」と理解できない人を非難することもしない。

チベットの高僧が仏の教えについて語るのは、信者を増やすためにではなく、ただ彼らが得た智慧と体験を人々と分かち合うことによって、一人でも多くの人を幸せにしようとの思いからなのである。

同じことはチベット仏教の理解者たちについても言える。リチャード・ギアは篤信の仏教徒であるが、その精神生活について語ることはほとんどなく、仏教徒であることを自分のキャリアに利用することもなく、周りに仏教への入信を勧めることもない。ギアは常に自分のことよりもチベットの難民の生活向上を気に掛け、「あなたの人生の中心からあなたがいなくなった時、あなたは自由になれる」と、あたかもダライ・ラマに倣うかのような生き方をしている。

ダライ・ラマやギアが仏教を宣伝していないにもかかわらず、なぜこのように多くの人々がチベットの文化を称えるようになったのだろうか。それはギアやダライ・ラマの全身から発している穏やかさや謙虚な雰囲気が、人々をしてチベット文化の真実であることを確信させ、その文化へと目を向けさせていったからである。さらに、チベット僧がアメリカで直接教えを授け始めたことにより、チベット仏教はアメリカ社会において広く認知されるに至り、今やアメリカの知識人の仏教理解は自称仏教徒の日本人よりもはるかに深いものとなっている。

西洋人がチベット仏教を速やかに吸収した理由について、リチャード・ギアはこう述べている。

「チベットの高僧は西洋人に法を説くのが好きだ。彼らが言うには、西洋人は本当に一生懸命修行し、タフな質問を投げかけ、盲目的には従わず、善い心を持っており、エネルギーに満ちている」

批判的精神を持ち、努力をいとわず、エネルギッシュ、という性質を備えた知識人は確かに欧米には多数存在するものの、全体主義の残滓の残るアジアやアフリカにはまだ数少ない。

これまでアメリカ社会を代表する政治家、科学者、俳優、アーティストたちが中心となり、世界中の知識人たちが、チベットの僧院社会を救い上げようと努力をしてきた。その典型的な例を挙げてみよう。

チベットが失われて五十年目にあたる二〇〇九年の三月十日、アメリカ下院議会において「チベット問題を持続的かつ平和的に解決するための多角的な努力を継続する」決議（H.Res 226）が採択され、ペロシ下院議長は以下のように述べた。

「チベットの現状は世界の良心を問うている。我々自由を愛する人間が中国とチベットにおける人権について明確な声をあげないのなら、我々は世界のどこであろうと自由について語る道徳的権限を失う。この決議により、我々はチベット民衆の現下の戦いに敬意を払い、これを胸に刻み込む」

さらにその三日後の三月十三日にはツツ大主教によって中国に対する声明文が出され、この声明には数多くのセレブが署名した。最初の署名者だけを挙げても、ノーベル平和賞受賞者であるエリー・ウィーゼル（Elie Wiesel）、シリン・エバディ（Shirin Ebadi）、ジョディ・ウィリアムズ（Jody Williams）、ジョン・ヒューム（John Hume）、デイヴィッド・トリンブル（David Trimble）、デクラーク元南アフリカ大統領（F.W. de Klerk）、マイレッド・マグワイア（Mairead Maguire）、ベティ・ウィリアムズ（Betty Williams）、アドルフォ・ペレス・エスキベル（Adolfo Pérez Esquivel）、俳優たちとしてはハリソン・フォード（Harrison Ford）、グウィネス・パルトロウ（Gwyneth Paltrow）、ジョージ・クルーニー（George Clooney）、アシュレイ・ジャド（Ashley Judd）、ジリアン・アンダーソン（Gillian Anderson）、リチャード・ギア（Richard Gere）、マリア・ベロ（Maria Bello）、ミア・ファロー（Mia Farrow）、歌手としてはピーター・ガブリエル（Peter Gabriel）、ビースティ・ボーイズのアダム・ヤウク（Adam Yauch）、モデルのナオミ・キャンベル（Naomi Campbell）、さらにはヨルダンのノール女王陛下（Her Majesty Queen Noor）が署名した。声明文の内容は以下のようなものである。

この文書に署名したノーベル平和賞の受賞者たち、人権問題のリーダーたち、それと関係各位は、チベットにおける人権状況の悪化とダライ・ラマ法王の特使と中国政府の間の対話の明らかなる破綻に懸念を表明したい。

我々はチベットの人々の信教の自由と自治をめぐる闘争を解決することに向けて、具体的な進展がないことに失望している。我々はこの自治と信教の自由を達成するための努力を何度でも繰り返すように、関係するあらゆる人々に強く言いたい。

我々の親友であるダライ・ラマ猊下に対しては、こう言いたい。「我々はあなたの味方です」あなたは非暴力と慈悲と善をはっきりと主張している。明らかに中国はあなたのことを分かっていない。彼らがあなたを理解することを切に望みます。我々は中国政府に対し、彼が亡命の途についてこの数十年の間に我々が、その他の多くの人々がダライ・ラマ法王を知るようになったそのように、ダライ・ラマ法王を理解することを要求する。（中略）高等弁務官はジャーナリストや監視員等と共にチベット国内を旅行することが許されるべきであり、関係各位と共に協力しながら、この数十年間に渡る闘争を平和裡に解決することを助けるべきである。

中国は今世界に大きな影響を与える立場にある。我々は中国に対して、その影響力のある立場を我々の世界を良くする方向に用いるようにお願いしたい。チベットの人々の声に耳を傾けることによって、チベットの文化が栄えることを許容するという新たな解決策を提示することによって。これはチベットを助けるのみならず、中国も助けることになるのである。

最後に、我々は中国にこう言いたい。

ダライ・ラマ猊下を名指しし、責め、罵ることを止めていただきたい。彼はその人生を平和に捧げている。ノーベル平和賞の受賞者であるダライ・ラマ猊下は、ただの聖人ではない。彼は世界中で真の道徳的な権威と認識されている。彼は慈悲と非暴力と愛をもって生きるためにはどうしたらいいかを我々全てに教示してくれる教師なのだ（http://www.thecommunity.com）。

注目すべきはこの声明文の最後の一文である。ダライ・ラマはもはやアメリカばかりか、世界中の人々によって道徳的権威、人類の教師とみなされているのである。一難民であるダライ・ラマが布教も行うことなしに、人類の教師と称えられるようになった所以は、ひとえにチベット文化の矛盾のない論理性、普遍性、道徳性によるところが大きい。この文化の価値に気づいた人々は「チベット文化を護ることは人類の未来を救うことである」との共通認識の下に、人格者を生み出す僧院文化を護ろうとしているのである。

近代西洋文明は生活の向上のみを追い求め、自らの内面については全く無批判に顧みてこなかった。マチウ・リカールの父である哲学者ジャン＝フランソワ・ルヴェルが、「『人権宣言』の成立を祝う式典はあっても、同時に成立した『市民の義務宣言』について思い出す人がいない」と指摘するように、現代人は外側に向けて権利ばかりを求め、人としてのあるべき姿に近づこうと内面を陶冶する努力は行わなくなっている。

そして、本能をコントロールすることなく好き放題に振る舞った結果、人口爆発、温暖化、経済の暴走、心の病の増加、環境破壊、所得格差などあらゆる分野で様々な問題が生じ、今や地球自体が破滅に向かっている。エゴを抑え、心を制御し、自分以外の他のもの――それは人以外のあらゆる生物も含む――との共存を行うべき時が明らかに来ているにもかかわらず、我々はもはや心を陶冶する技術を忘れてしまっている。

ダライ・ラマが第一の立場から人類全体に向けて教えを説いているのはまさにこのような事態を改善するためなのである。仏教に古くから存在している心を陶冶するための具体的な技法を、宗教や人種を超えて誰にでも実践可能な形で提供することによって、一人一人がエゴを抑え、他者に対する哀れみの心を持ち、社会に貢献するようにと説いているのである。

「一人一人の意識を変革することによって、集団全体の意識を変える」という方策は過去何度も提唱されてきたが、失敗してきた、と批判する人に対して、ダライ・ラマの答えは明快である。「では、他にどのような対処法がありますか。今起きている問題を根本的に解決するためには、一人一人がエゴを抑え他者を尊重する以外道はありません」と。

明るい兆しも多少はある。仏教の到来によって徐々にではあるが、目先の利益にとらわれて破滅的な選択を繰り返すよりも、社会全体の体質を改善して長い目で見た問題の解決法を探ろうとする潮流が生まれ始めている。また、ダライ・ラマは我々の文明を少しでもよい方向へ向けるためには子供の教育が重要であると、ことあるごとに口にする。そのため、ダライ・ラマ財団は、ダライ・ラマの『新世紀のための倫理』を教育の場でテクストに用いる活動を行っている。

ダライ・ラマの教えによって薫育された「キム」たちが、この文明が無知で自己中心的な幼児期を脱し、人を愛する心を育み、道徳性を身につける道に踏み出す手助けをしてくれるかもしれない。チベット文化に共鳴する人々が未来に向けて発した言葉は、論理的で矛盾がなく、人間の歴史を持続可能な方向に向ける前向きな力を持っている。彼らの言うことに耳を傾ける人が増えれば、利他の精神や相互理解の浸透度が国の発展の尺度とされるような時代が訪れるかもしれない。

仮りに、多くの国々がそのような道を選ばず、世の中が破滅に向かおうとも、チベット仏教はそれも織り込み済みである。仏教は「あらゆるものは無常である」とし、仏の教えですら、いつかは消えてなくなるものと割り切っている。

そのような存在論を持ちつつもチベットの高僧たちは最後の時まで自分の幸せな体験を分かち合おうと法を説き続けることだろう。彼らはあらゆる人々を幸せに導くまでは自分の幸せを求めないことを誓った菩薩なのだから。

そして、彼らの明るさとユーモアを見ていると、哀れまれるべきは実は滅び行くチベット文化ではなく、チベット文化の提示するものを実行できない我々自身の文明であることに気づくのである。

西洋とチベットの関係年表／関連文献

年表

一八七五	ブラヴァツキー夫人とオルコット大佐がニューヨークに神智学協会を開く。
一八七七	パンディットのナイン・シン、ラサの位置を確定してRGSのゴールド・メダルを受賞。
一八七九	アーノルド、釈尊伝を散文詩にうたった『アジアの光』を発表。
一八八五	アーノルド、『バガバッド・ギーター』の意訳である『天来の歌』を発表。
一八八八	ブラヴァツキー夫人、『秘密教義』を発表。
一八八九	ガンディー、ロンドン留学中に『天来の歌』と『アジアの光』に出会う。
一八九〇—一八九三	ホームズの「大空白期」。
一九〇〇	キプリング、『少年キム』を発表。
一九〇一	エヴァンス・ベンツが神智学協会のアメリカ支部に入会。
一九〇三	コナン・ドイル、「空屋の冒険」を発表。
一九〇四	イギリスのヤングハズバンド隊がラサに侵攻。ダライ・ラマ十三世がモンゴルに亡命する中、ラサ条約を締結。
一九〇七	キプリング、ノーベル文学賞受賞。
一九一三	辛亥革命によって清朝が崩壊したことを受け、ダライ・ラマ十三世は中国との断交を宣言。
一九一四—一九一七	第一次世界大戦。
一九一九	セガレン、遺作『チベット』を残して、アヘン中毒で死ぬ。エヴァンス・ベンツがダージリンに着く。
一九二五	アルトー、『シュルレアリスム革命』第三号に「ダライ・ラマへの上奏文」を発表。

一九二六　キングドン・ウォード、『ツァンポー峡谷の謎』を発表。
一九二七　エヴァンス・ベンツが『チベットの死者の書』をオックスフォード大学より出版。
一九二八　ルーリッヒ、「輝きを放つシャンバラ」を発表、ヒマラヤの自然と人間を研究するためのウルスワティ(Urusvati)をクル渓谷に設立。
一九二九　世界大恐慌。ルーリッヒ、再び文化財保護の国際協定の締結。
一九三〇　ガンディー、イギリスの塩税に抗議して「塩の行進」を行う。
一九三三　ヒットラー首相になる。ヒルトンが『失われた地平線』を発表。
一九三五　ダライ・ラマ十四世、アムド(東北チベット)のタクツェル村に誕生。
一九三九　ダライ・ラマ、四歳で即位。成人まではレティンが摂政となる。
一九三九—一九四八　第二次世界大戦。
一九四七　インドがイギリスより独立。
一九四八　オーストリア人のハインリッヒ・ハラーがチベットへ亡命。
一九四九　中華人民共和国成立。
一九五〇　中国軍が東チベットに侵入。ダライ・ラマが政治の長に就任。
一九五一　五月　チベットを中国に併合する旨を記す「チベット平和解放十七条協定」を批准。
一九五五　カルムキアのチベット僧、ゲシェ・ワンゲル師がニューヨークに渡る。
一九五九　三・一〇　ダライ・ラマを護るためラサ市民が決起、ノルブリンカ離宮を囲む。この日は中国側からは「チベット動乱」、チベット側からは「チベット人蜂起記念日」(Tibetan Uprising Day)と命名される。
三・一七　ダライ・ラマ、ラサ市民と中国軍の衝突を回避するためインドに亡命する。
一九六〇　二・一　チベット難民の南インド入植開始。
四・二九　亡命政庁をダラムサラに建てる。姉のツェリン・ドルマが難民の孤児たちを養う施設を建てる(チベット子ども村の前身）。

一九六一 九・二 ダライ・ラマは行政・内閣を民主化するため、チベット国民代表委員会を発足させる。第十五回国連総会の議題に、チベット問題を含むようマラヤとタイが動議を提出。

エルサルバドル、マラヤ、アイルランド、タイがチベット問題に関する決議案を国連に提出、採択される。

一九六二 中国がインド国境を侵犯。

一九六二 ダライ・ラマが仏教と世界人権宣言に基づいたチベット憲法を公布。同じ年、自伝『我が国我が民』（My land and My People, 邦題『チベット我が祖国』）を発表。

一九六四 ロバート・サーマン、ダライ・ラマと初対面し、西洋人初の正式なチベット僧となる。

一九六五 ジーナ・ラチェフスキー、バクサドアル難民キャンプでラマ・イェーシェーと出会う。

六・一六 タイ、フィリピン、マルタ、アイルランド、マレーシア、ニカラグア、エルサルバドルが国連総会にチベット問題に関する決議案を提出、採択される。

一九六六 ゴーヴィンダ、『白雲の彼方に』を発表。ティモシー・レアリーら『チベットの死者の書―サイケデリック・バージョン』を発表、『死者の書』はヒッピーのバイブルに。

一九六九 ジーナ・ラチェフスキー、カトマンドゥのコパンの丘を買い取り、西洋人のためのチベット寺を建てる。

一九六六―一九七六 文化大革命によりチベット文化は壊滅状態となる。

一九七一 中国の国連復帰決定。

一九七二 マチウ・リカール、ダージリンでカンギュル・リンポチェと出会う。

一九七四 ラマ・イェーシェーにより「大乗仏教の伝統を維持する財団」（FPMT）が設立される。

一九七五 シッキム、インドの一州になる。ヴェトナム戦争が終わる。

一九七六 周恩来と毛沢東が相次いで没し、文革が終わる。

一九七九 アメリカと中国が国交を回復。

一九八〇　　　胡耀邦総書記、チベットを訪問し、失政を認め融和策を打ち出す。
一九八一　　　ダライ・ラマの母死去。ダライ・ラマのアメリカ訪問。胡耀邦主席就任。
一九八三　　　中国、チベットに対する締め付けを強化。
一九八六　　　マイケル・リッチー監督の『ゴールデン・チャイルド』公開。
一九八七　　　胡耀邦辞任。
　　九・二一　ダライ・ラマ、アメリカ下院人権問題小委員会で「平和に関する五項目の提案」をする。独立を「自治」に後退させる内容であったため、チベット社会に失望が広がる。
　　九・二七　ラサの市民がチベット独立を要求してデモ。
　　一〇・一　コロンビア大学のロバート・サーマン、リチャード・ギア、フィリップ・グラスがニューヨークにチベット文化の保存を使命とするチベット・ハウス（Tibet House）を設立。
一九八八　三・五　ラサで大規模なデモが起きる。
　　六・一五　ダライ・ラマ、フランスのストラスブールで開催された欧州議会で「平和に関する五項目の提案」を再提案。
一九八九　一月　パンチェンラマ七世が急死。
　　三・五　ラサでチベット独立を求めるデモが勃発。
　　三・八　ラサに戒厳令が布かれる。
　　六・四　天安門事件。
　　一〇・五　ダライ・ラマ、ノーベル平和賞を受賞。
　　一一・一一　東西ドイツ分断の象徴であるベルリンの壁が崩壊。
　　一一・二四　チェコスロバキアでビロード革命が起き、共産党政権が崩壊。
一九九〇　　　ダライ・ラマ、チェコスロバキアのハヴェル大統領とバチカンのヨハネ・パウロ二世と会見。ヨーロッパ

一九九一　各国を訪問。二冊目の自伝『亡命で得た自由』（*Freedom in Exile*　邦題『ダライ・ラマ自伝』）を発表。

一九九二　二月　ダライ・ラマ、イギリスのチャールズ皇太子、アメリカのブッシュ大統領、イギリスのメージャー首相と会見。ソ連の崩壊を受け、カルムキア、ブリヤートなど旧ソ連治下のチベット仏教国各国を訪問。
ノーベル平和賞受賞者をはじめとする名士が、チベット問題を啓発するためのチベット百人委員会（Committee of 100 for Tibet）を構成する。

一九九三　ダライ・ラマ、フランスのモード紙「*Vogue Paris*」のクリスマス号の特別編集長を務める。ソギャル・リンポチェが『チベット生と死の書』を発表、ベストセラーに。
ベルナルド・ベルトリッチ『リトルブッダ』公開。

一九九四　Beastie Boysのアダム・ヤウクがミラレパ基金（Milarepa Fund）を結成、「菩薩戒」という曲を作る。
ニューヨークでフリー・チベットの学生組織SFT（Students for a Free Tibet）が結成される。後に百以上の地域を結ぶ国際ネットワークへ発展。

一九九五　五月　ダライ・ラマがパンチェンラマ八世に認定した二マ少年が中国に拉致されて行方不明に。国際人権団体アムネスティは二マ少年を世界最年少の政治犯に指定。

一九九六　国際チベットサポート会議がドイツで行われる。
六・一三—一四　アメリカのサンフランシスコで第一回チベタン・フリーダム・コンサートが開催。

一九九七　六・七—八　アメリカのニューヨークで、第二回チベタン・フリーダム・コンサート開催。ジャンジャック・アノー監督の『セブン・イヤーズ・イン・チベット』、マーティン・スコセッシ監督の『クンドゥン』がメジャーで公開。リチャード・ギアが自作のチベットの写真集『*Pilgrim*（巡礼者）』を発表。中国政府がチベットの僧院で、ダライ・ラマの写真の掲示を禁止する。パティ・スミスが「1959」を発表。マチウ・リカールが哲学者の父と行った対談『僧侶と哲学者』が出版されベスト・セラーとなる。

一九九八　六・一三—一四　アメリカのワシントンで第三回チベタン・フリーダム・コンサート開催。

		ポールワーグナー監督の『風の馬』、ジョアン・チェン監督の『シュウシュウの季節』公開。アップル・コンピューターの広告「Think Different」シリーズにダライ・ラマが登場。
一九九九	六・一三	世界四カ国（シカゴ・アムステルダム・シドニー・東京）で第四回チベタン・フリーダム・コンサート開催。
二〇〇〇	一・一	カルマパ十七世が本土チベットからインドへ亡命。
	二月	中国政府「西部（内陸地域）大開発」を提唱。
	六月	西部大開発の一環として、青海省において計画されていた「中国西部貧困緩和プロジェクト」に対し欧米で「ダライ・ラマの故郷を開発から守れ」との抗議運動が起き、世界銀行が融資を撤回。
		中国、自己資金で青蔵鉄道の敷設を宣言。
	九・一一	アメリカ同時多発テロ勃発。
二〇〇一	五・一三	第五回チベタン・フリーダム・コンサートが東京で開催。
	七月	二〇〇八年のオリンピックの北京開催が決定。
二〇〇二		シリコンバレーのビジネス集団が、ダライ・ラマの思想の普及を計るダライ・ラマ財団（Dalai Lama Foundation）を設立。
二〇〇三	四・一九	第六回チベタン・フリーダム・コンサートが東京で開かれる。
	七月	チベット百人委員会とダライ・ラマ財団がダライ・ラマとその平和思想をテーマにした現代美術展「失われた平和展」（Missing Peace）を企画。
	九月	「Time」誌で、ダライ・ラマが「二十世紀において最も大きな影響を与えたアジア人　二十人」に選ばれる。ブッシュ大統領とも会談。
	一二・八	国際サッカー連盟（FIFA）の二〇〇六年ワールドカップドイツ大会の公式サイトでチベットを独立国として表記。
二〇〇四	一〇月	ニューヨークのマンハッタンにチベット美術館ルービン・ミュージアム（Rubin Museum）が開館。

二〇〇六　七月　青蔵鉄道開通、中国による同化政策が加速する。
　　　　九月　亡命するチベット人の子供たちが中国国境守備兵に射殺される映像をルーマニアの登山家が撮影。
二〇〇七　　　ダライ・ラマ、六月にはオーストラリアのハワード首相、九月にはドイツのメルケル首相、一〇月にはカナダのスティーブン・ハーパー首相と会見。アメリカの下院議会はゴールド・メダル（議会名誉黄金賞）を授与。
二〇〇八　二・一三　ユダヤ人映画監督スピルバーグ氏、ダルフール紛争に対する中国政府の対応を批判して、北京オリンピックの芸術顧問を辞退。
　　　　三・二　アイスランドの歌手ビョークが上海公演で「独立を宣言せよ！」を歌い、チベット！　と叫ぶ。
　　　　三・一七　ラサの僧侶のデモ隊を中国公安が武力鎮圧。それに抗議するラサ市民が蜂起。数日後、抗議行動はチベット人居住域（四川・甘粛・青海）全体に広がる。
　　　　三・二五　聖火リレーの開会式に国境なき記者団のトップ、ロベール・メナール氏が、五輪旗を手錠にかたどった旗を掲げて乱入。以後、ロンドン、パリ、サンフランシスコの聖火リレーはチベット問題に抗議する西洋人たちによって混乱する。
　　　　四・二一　パリはダライ・ラマと中国の人権活動家・胡佳氏をパリの名誉市民に。
　　　　五・一二　四川省の羌族・チベット族自治州を震源に大地震が発生。
　　　　八・八　フランス人資産家デヴィッド・カリファの呼びかけで、北京オリンピック開会式にチベット人を追悼するキャンドルを世界中で灯すCandle4Tibetを行う。「*Time*」恒例の二〇〇八年「世界で最も影響力のある百人」の第一位にダライ・ラマが選ばれる。
　　　　一一・一七　中国との対話が頓挫したことを受け、ダライ・ラマが亡命者代表会議を招集。
　　　　一一・二九　デリーで国際チベット支援団体特別会議始まる。
　　　　一二・一　亡命者代表会議はダライ・ラマの唱える「自治要求路線」を確認して閉会。

一二・六　ダライ・ラマ、ポーランドのグダニスクでフランス大統領サルコジ、ポーランドのレフ・ワレサと会見。中国は猛反発。

一二・一〇　世界人権デーに、中国の知識人が中国の民主化と連邦化を訴える〇八憲章を発表。

二〇〇九　二・三　恩家宝首相がケンブリッジ大学で公演中、ドイツ人学生に靴を投げられる。

二・九　ローマがダライ・ラマに名誉市民号授与。

二・一〇　ベネチアがダライ・ラマに名誉市民号授与。

二・二一　パリのオークションに円明圓の噴水口が出品される。中国で略奪品なので返還せよとの運動が起きるが、オークションの主催者であるピエール・ベルジェ氏は「チベットに自由を与え、ダライ・ラマに領土を返すならただで返そう」と却下。

三・一〇　ダライ・ラマはチベット蜂起五十周年にあたり「中国の占領下でチベットは生き地獄となった」との声明を発表。アメリカ下院議会では「チベット問題を持続的かつ平和的に解決するための多角的な努力を継続する」決議（H.Res 226）を採択。

三・一二　欧州議会は「チベットの真の自治権」に向けた対話を再開するよう中国に迫るチベット決議案を可決。

三・一三　ツツ大主教が起草してノーベル平和賞受賞者をはじめとする四十名の名士が署名した中国への抗議文が発表される。

七・二九　ダライ・ラマにワルシャワの市民権が授与される。

関連文献

★チベット旅行記

❖F・キングドン・ウォード著、倉知敬訳『青いケシの国』岩波文庫、一九七五年
❖F・キングドン・ウォード著、塚谷裕一訳『植物巡礼』岩波文庫、一九九九年
❖F・キングドン・ウォード著、金子民雄訳『ツァンポー峡谷の謎』岩波文庫、二〇〇〇年
❖A・ダヴィッド＝ネール著、中谷真理訳『パリジェンヌのラサ旅行』東洋文庫六五四、六五六、平凡社、一九九九年
❖I・デジデリ著、薬師義美訳『チベットの報告1-2』平凡社東洋文庫、一九九二年
❖A・デビッドニール著、林陽訳『チベット魔法の書――「秘教と魔術」永遠の今に癒される生き方を求めて――宇宙の糸に紡がれて』徳間書店、一九九七年
❖ベイリイ著、諏訪多栄蔵、松下久佐訳『ヒマラヤの謎の河』ヒマラヤ名著全集1、あかね書房、一九六八年
❖スヴェン・ヘディン著、吉田一次訳『チベット征旅記』彰考書院、一九五六年
❖スヴェン・ヘディン著、勝藤猛訳『トランス・ヒマラヤ』世界ノンフィクション全集45、筑摩書房、一九六三年
❖ピーター・ホップカーク著、今枝由郎、鈴木佐知子、武田真理子訳『チベットの潜入者たち』白水社、二〇〇四年
❖ヤングハズバンド著、村山公三訳『西蔵――英帝國の侵略過程――』小島書店、一九四三年
❖ニコライ・レーリヒ著、澤西康史訳『シャンバラの道』ＣＡＰ中央アート出版社、一九九六年
❖Derek Waller. *The Pundits : British exploration of Tibet and Central Asia*, University Press of Kentucky, 1990.
❖Peter Hopkirk. *Quest for Kim : In Search of Kipling's Great Game*, Oxford Univ. Press. 1997.

★チベット・イメージに関連する参考文献

❖Lopez. Donald. Jr., *Prisoners of Shangri-la*, The University of Chicago Press, 1998.

❖Martin Brauen, *Dreamworld Tibet*, ORCHID PRESS, 2004.

❖Monica Esposito ed., *Images of Tibet in the 19th and 20th Centuries*, Etudes Thematiques 22 vol.1. Ecole Française D'Extreme-Orient, 2008.

★チベット史参考文献

❖石濱裕美子著『チベット仏教世界の歴史的研究』東方書店、二〇〇一年

❖W・D・シャカッパ著、貞兼綾子監修、三浦順子訳『チベット政治史』亜細亜大学アジア研究所、一九九二年

❖D・スネルグローヴ、H・リチャードソン著、奥山直司訳『チベット文化史』春秋社、一九九八年

★チベットを舞台にした文学作品

❖ラドヤード・キプリング著、斉藤兆史訳『少年キム』晶文社、一九九七年

❖ヴィクトル・セガレン著、有田忠郎訳『セガレン著作集・第6巻』水声社、二〇〇二年

❖ジャムヤン・ノルブ著『シャーロック・ホームズの失われた冒険』河出書房新社、二〇〇四年

❖ジェームズ・ヒルトン著、増野正衛訳『失われた地平線』新潮社、一九五九年

❖ヘロドトス著、青木巌訳『歴史』新潮社、一九六八年

❖ロブサン・ランパ著、白井正夫訳『第三の眼——あるラマ僧の自伝——』講談社、一九七九年

❖ Conan Doyle, *The Adventure of the Empty House, The Return of The Sherloc Holmes*

★『死者の書』関連文献

❖ 河邑厚徳、林由香里著『チベット死者の書——仏典に秘められた死と転生』NHK出版社、一九九三年
❖ カルマリンパ著、川崎信定訳『原典訳 チベットの死者の書』ちくま学芸文庫、一九九三年
❖ ラマ・ロサン・ガンワン著 平岡宏一訳『〔ゲルク派版〕チベット死者の書』学習研究社、一九九四年
❖ ロバート・サーマン著、鷲尾翠訳『現代人のための「チベット死者の書」』朝日新聞出版、二〇〇七年
❖ ティモシー・リアリー、リチャード・アルパート、ラルフ・メツナー著、菅靖彦訳『チベットの死者の書——サイケデリック・バージョン』八幡書店、一九九四年
❖ ソギャル・リンポチェ著、大迫正弘、三浦順子訳『チベットの生と死の書』講談社、一九九五年

★ダライ・ラマとチベット仏教関連文献

❖ ダライ・ラマ十四世著、木村肥佐生訳『チベットわが祖国——ダライ・ラマ自叙伝——』中公文庫、一九八九年
❖ ダライ・ラマ十四世著、三浦順子訳『愛と非暴力』春秋社、一九九〇年
❖ ダライ・ラマ十四世著、山際素男訳『ダライ・ラマ自伝』文藝春秋、一九九二年
❖ ダライ・ラマ十四世著、塩原通緒訳『ダライ・ラマ 幸福論』角川春樹事務所、二〇〇〇年
❖ ダライ・ラマ十四世、ジャン＝クロード・カリエール著、新谷淳一訳『ダライ・ラマが語る——母なる地球の子どもたちへ』紀伊國屋書店、二〇〇〇年
❖ ダライ・ラマ十四世著、谷口富士夫訳『ダライ・ラマ 至高なる道』春秋社、二〇〇一年

❖ダライ・ラマ十四世著、三浦順子訳『ダライ・ラマ 怒りを癒す』春秋社、二〇〇三年
❖ダライ・ラマ十四世著、宮坂宥洪、マリアリンツェン訳『ヒューマン・バリュー』四季社、二〇〇七年
❖ロバート・サーマン著、鷲尾翠訳『ダライ・ラマはなぜ重要なのか』講談社、二〇〇八年
❖ヴィッキー・マッケンジー著、山際素男訳『チベット 奇跡の転生』文藝春秋、一九九五年
❖グレン・H・ムリン著、田崎國彦、渡邉郁子、クンチョック・シタル訳『十四人のダライ・ラマ――その生涯と思想』春秋社、二〇〇六年
❖マチウ・リカール著　竹中ブラウン厚子訳『Happiness 幸福の探求――人生で最も大切な技術』評言社、二〇〇八年
❖ジャン・フランソワ・ルヴェル、マチウ・リカール著、菊地昌実、高砂伸邦、高橋百代訳『僧侶と哲学者』新評論、二〇〇八年
❖Vijay Kranti ed. *Dalai Lama, the Noble Peace Laureate, speaks.* Centrasia Pub. Group : New York, N.Y. : Distributors in America, Potala Corp., 1990.

★関連サイト

❖*Shambhala Sun,* http://www.shambhalasun.com/
❖ダライラマ法王オフィシャルサイト　http://www.dalailama.com/
❖チベット亡命社会ニュースサイト　http://www.phayul.com/

【著者】

石濱　裕美子（いしはま　ゆみこ）

早稲田大学教育・総合科学学術院教授。早稲田大学文学研究科後期課程単位取得後退学。文学博士。チベット仏教世界（チベット・モンゴル・満州）の歴史と文化を研究。http://tibet.que.ne.jp/okamenomori/

・著書
『チベット歴史紀行』河出書房新社（1999年）、『チベット仏教世界の歴史的研究』東方書店（2001年）、『チベットを知るための50章』明石書店（2004年）『癒しの塗り絵　美しい密教の仏とマンダラ』扶桑社（2006年）
・訳書
『現代チベット語会話 Vol.1.』［共訳］世界聖典刊行協会（1992年）、『ダライラマの仏教入門』光文社（1995年）のち文庫、『ダライラマの密教入門』光文社（1995年）のち文庫、『聖ツォンカパ伝』［共訳］大東出版社（2008年）

世界を魅了するチベット

「少年キム」からリチャード・ギアまで

2010年　4月　10日　　第1版第1刷発行

著　者　　石　濱　裕美子

発行者　　高　橋　　考

発行所　　三　和　書　籍

〒112-0013　東京都文京区音羽2-2-2
TEL 03-5395-4630　FAX 03-5395-4632
sanwa@sanwa-co.com
http://www.sanwa-co.com

印刷／製本　　モリモト印刷株式会社

日本音楽著作権協会（出）許諾第1003226-001

ISBN978-4-86251-077-8 C3022